HONORARE VERTRÄGE URHEBERRECHT

EIN ICOM-RATGEBER

FÜR DIE BEREICHE
COMIC, CARTOON UND ILLUSTRATION

ZUSAMMENGESTELLT UND HERAUSGEGEBEN VON CHRISTOF RUOSS

3. AKTUALISIERTE AUFLAGE
INTERESSENVERBAND COMIC E.V. **ICOM** 2002

HONORARE
VERTRÄGE
URHEBERRECHT

ICOM-Ratgeber
Herausgegeben von Christof Ruoss
Gestaltung: Christof Ruoss und Burkhard Ihme
Illustrationen: Tim S. Weiffenbach
Umschlaggestaltung: Andreas Mergenthaler
und Burkhard Ihme unter Verwendung
der Illustrationen von Tim S. Weiffenbach
ISBN 3–88834–922–2

Der **ICOM**-Ratgeber ist ein Projekt des
Interessenverband Comic e.V. **ICOM**
Danneckerstraße 12
70182 Stuttgart
Tel (0711) 24 45 78
Fax (0711) 23 33 88
E-mail: ICOMic@aol.com
Http://www.comic-i.com

Vertrieb:
MSW Medien Service Wuppertal
und
ICOM Independent Comic Shop
c/o inMEDIAtely Medienversand
Teutoburger-Wald-Weg 17
33824 Werther
Tel (05203) 88 36 74
Fax (05203) 88 36 75
E-mail: comic@independentshop.de
Http://www.independentshop.de

INTRO

VORWORT

„Ein erfolgreicher Designer muss Künstler und Kaufmann zugleich sein“ – dieses Zitat eines Designerkollegen eröffnete bereits vor sieben Jahren den Auftakt zur ersten Auflage dieses Ratgebers. Vieles hat sich in der Zwischenzeit getan… und doch ist die Erkenntnis von damals auch heute noch von unveränderter Gültigkeit!

Was ist geschehen? Die Szene kreativer Bild- und Textautoren hat sich – insbesondere im Bereich von Comic und Cartoon – spürbar professionalisiert. Der Informationsstand in Bezug auf Honorare und Autorenrechte hat bei den Kreativen merklich zugenommen. Dazu trugen, neben zahlreichen weiteren Aspekten, sicherlich die unermüdlichen Aktivitäten der verschiedenen Berufsverbände und Interessengruppen bei – für den Comic-Cartoon-Bereich sei hier vor allen anderen auf die zahlreichen Initiativen und Service-Angebote des **ICOM** hingewiesen (siehe **ICOM**-Selbstdarstellung unter 5.1). Ebenso einschneidenden Einfluss auf die Entwicklung hatte zweifellos das Internet, mit dessen Hilfe deutlich verbesserte Organisations- und Kommunikationsstrukturen entwickelt werden konnten: Direkter Informationsaustausch, professionelle Kooperation auf Distanz und eine optimierte Branchenübersicht sind heute für viele Kollegen an der Tagesordnung. Allerdings präsentiert sich der klassische Markt für Kreative durch die neu hinzugekommenen Medienbereiche auch bis ins nahezu Endlose erweitert – das schafft neuen Orientierungsbedarf!

Den letzten – und endgültigen – Anstoß zur Überarbeitung des vorliegenden Breviers aber gab selbstverständlich die Einführung der gemeinsamen europäischen Währung – des EURO – zu Beginn des laufenden Jahres 2002. Aktuelle und zukunftsorientierte Honorar-Richtlinien taten Not… und sind nun endlich mit diesem Büchlein jedem Kreativen für die Bereiche Comic, Cartoon und Illustration zugängig.

Obwohl sich seit Herausgabe der ersten Auflage sicherlich einiges im Sinne allgemeinverbindlicher Berechnungsgrundlagen getan hat – auch die Honorarempfehlungslisten angrenzender Berufssparten gehen mittlerweile explizit und mit gesteigerter Glaubwürdigkeit auf Comic-, Cartoon- und Illustrationsleistungen ein –, ist der kreative und publizistische Alltag doch weiterhin noch häufig von einer gewissen Orientierungslosigkeit geprägt, wenn es um die Vergütung kreativer Leistung und deren Nutzung geht.

Dieses – durchaus nicht ausschließlich auf den Comic/Cartoon-Sektor beschränkte – Phänomen ist in nahezu allen Märkten anzutreffen, welche – ganz oder in Teilen – auf der Nutzung kreativer Leistung aufbauen. Und nicht ohne Grund: Naturgemäß kann und sollte bei der Bewertung künstlerisch-kreativer Arbeit nie allzu formelhaft und standardisiert vorgegangen werden. Dieses Wissen um die individuelle Wertigkeit künstlerischer Leistung führt selbstverständlich zu Unsicherheit und gesteigertem Informationsbedarf – und dies nicht nur bei den Anbietern kreativer Leistungen, sondern ebenso bei deren Nutzern – unserer Kundschaft!

Wenngleich die – noch vor wenigen Jahren an dieser Stelle konstatierten – Akzeptanz-Probleme gegenüber dem Comic-/Car-

toon-Sektor heute keine nennenswerte Rolle mehr spielen, so sieht sich doch die künstlerische Sensibilität des Kreativen oftmals im Zwiespalt zwischen der persönlichen Beurteilung der eigenen Leistung und der Orientierungslosigkeit auf Kundenseite allein gelassen.
Sicher ist und bleibt es stets schwierig, den „künstlerischen Wert" einer Arbeit exakt festzulegen. Die – unter anderem mit der Publikation dieses Büchleins in Gang gebrachte – Offenlegung marktgängiger Üblichkeiten bietet jedoch sowohl Kreativen als auch den Nutzern künstlerischer Arbeit verlässliche, realitätsnahe und vielschichtig kontrastierte Vergleichsmöglichkeiten als Grundlage zur Bewertung kreativer Leistungen aus dem Bereich Comic, Cartoon und Illustration.

Ohne Zweifel gibt es einzelne Kollegen, die sich über kurz oder lang einen allgemein anerkannten „Promi-Status" erarbeiten konnten, welcher auch auf Kundenseite keine Zweifel an der Wertigkeit ihrer Arbeit mehr aufkommen lässt. Andererseits sehen sich eben im Markt der bunten Bilder doch auch immer wieder die Schöpfer großer Markterfolge um die Früchte ihrer Arbeit betrogen – das muss zu denken geben!

Nun kann man den Nutzern kreativer Arbeit allerdings nicht vorwerfen, dass sie sich lediglich betriebswirtschaftlich versiert und – im schlimmsten Falle – „schlitzohrig" verhalten. Ein Kunde, der sich in seiner Einschätzung künstlerisch/kreativer Arbeit (natürlich nur allzu gerne) dem anpasst, was ihm der – auf kreativer Seite eben immer noch häufig anzutreffende – Mangel an wirtschaftlichem Selbstbewusstsein vermittelt, verhält sich schlichtweg nur so, wie wir es endlich auch tun sollten: als cleverer Kaufmann!

Auf dem Weg zu einem solch kaufmännischen Verständnis will dieser Ratgeber Hilfestellung zur nüchternen Bewertung kreativer Arbeit leisten. Dazu sollten wir uns – vorübergehend nur – von der Frage des „Kunstaspekts" lösen, denn auch dem ausdrucksstärksten Kunstwerk liegt zuforderst einmal eine klar bestimmbare Menge geleisteter Arbeit zugrunde. Diese lässt sich eindeutig beziffern und kann somit als Grundlage für weitere Honorarüberlegungen dienen. Das zusätzliche Vorhandensein eines – schwerer bestimmbaren – „künstlerischen Werts" macht die unbestreitbare Arbeitsleistung keinesfalls ungetan und muss somit allenfalls noch preissteigernd zur bereits errechneten Leistungs- und Nutzungs-Vergütung hinzugefügt werden. Mühen wir uns also nicht weiter mit der Frage ab, ob kreatives Tun denn überhaupt „richtige Arbeit" sei – denn selbstverständlich beinhaltet unsere Leistung viel mehr: „richtige Arbeit", angereichert um den Mehrwert einer künstlerisch-individuellen Schöpfung!

Dieses Bewusstsein gegenüber dem Wert der eigenen künstlerischen Arbeit ist vom ersten Moment eines Kundenkontakts an unerlässlich und darf auch deutlich kommuniziert werden!

Es ging bei unserer Suche nach Vergleichswerten daher nicht nur darum, Orientierungshilfen für Einsteiger zur Verfügung zu stellen, sondern vor allem um die Schaffung öffentlichen Bewusstseins durch stabile Verhältnisse, um mehr Transparenz und Fairness für Kreative und die Nutzer ihrer Arbeit.

In den Jahren seit Herausgabe der ersten Auflage unseres Ratgebers sind wir diesem Ziel gewiss beachtlich näher gekommen… doch es gibt noch viel zu tun!

In diesem Sinne sind alle Künstler und Kollegen, jeder Kreative – ob regelmäßig professionell oder nur gelegentlich „aus Spaß an der Freude" tätig – aufgefordert, den gemeinsam eingeschlagenen Weg zu einem regularisierten Markt weiterzugehen und durch umsichtiges Angebots- und Berechnungsverhalten zu stabilisieren. Wir sind es der eigenen wirtschaftlichen Situation ebenso schuldig wie der Achtung gegenüber unseren Kunden, ohne deren Aktivitäten und betriebswirtschaftliches Gespür kein gemeinsamer Markt möglich ist.

Barcelona im März 2002 **Christof Ruoss**

INHALT

EINFÜHRING

Allen folgenden Angaben ist grundsätzlich vorauszuschicken, dass es sich stets ausschließlich um Vergleichswerte handelt. Zu vielschichtig und breit gefächert ist der Markt der Nutzer kreativer Leistungen, zu diffus sind seine Strukturen, als dass es möglich wäre, zwischen allen Beteiligten allgemein verbindliche Tarifvereinbarungen auszuhandeln. Dessen ungeachtet aber ergibt sich aus den hier zusammengetragenen Listen und Berechnungsbeispielen doch eine klare Bestandsaufnahme der aktuellen Honorarlandschaft im deutschsprachigen Raum zum Zeitpunkt des Starts der gemeinsamen europäischen Währung.

Aus einer Fülle von Daten wurden für diesen Ratgeber Durchschnittswerte ermittelt, denen teilweise – zur besseren Beurteilung der Situation – noch obere und untere Eckdaten zur Seite gestellt wurden.

Sämtliche hier gemachten Honorar-Angaben sowie die ergänzend abgedruckten Normvertrags-Texte sind als Empfehlungen zu verstehen und besitzen keine absolute Rechtsverbindlichkeit. Alle Angaben aber basieren auf stetig aktualisierten Erfahrungswerten einer Vielzahl profesionell tätiger Kreativer; auf allgemein anerkannten Listenwerken, Normverträgen und Vereinbarungen verschiedener Wirtschafts- und Berufsverbände. Sie geben somit jedem Kreativen ein notwendiges Werkzeug zur besseren Einschätzung seiner künstlerischen Arbeit an die Hand.

Der Bereich der Urheber- und Nutzungsrechte hingegen kann im Rahmen dieses Breviers nur kurz angerissen werden. In knappen Worten versuchen wir, einen groben Überblick über die Rechtslage zu vermitteln und Tipps zur gängigen Praxis zu geben. Die rechtliche Situation in diesem Bereich ist jedoch – unter anderem durch die Harmonisierungsversuche im Zuge der Europäischen Einigung – in stetigem Fluss. Im konkreten Einzelfall empfiehlt sich daher dringend die Lektüre weiterführenderer aktueller Literatur (siehe u.a. Literaturliste im Anhang) sowie die Konsultation eines – auf Urheber- und Medienrecht spezialisierten – Rechtsanwalts (der **ICOM**-Rechtsbeistand ist ein erfahrener Ansprechpartner für Mitglieder!).

*Aufgrund der Komplexität der gesamten Honorarsituation ist es unerlässlich, den reinen Zahlenwerten eine Vielzahl von Erläuterungen, Einschränkungen und sonstigen relativierenden Details zur Seite zu stellen. Dies geschieht im **ersten Teil** dieses Ratgebers. **Teil 2** führt dann – zum schnellen alltäglichen Zugriff – dieselben Werte nochmals in übersichtlichen Tabellen auf, bei deren Einsatz sich der Benutzer jedoch stets der vorab genannten, relativierenden Faktoren bewusst bleiben sollte. **Teil 3** dieses Büchleins gibt Tipps und Beispiele zur vertraglichen Regelung kreativer Arbeit und in **Teil 4** schließlich bemühen wir uns, die Situation des Kreativen im wirtschaftlichen Alltag durch eine Reihe von Faustregeln, Beispielrechnungen und Praxistipps transparenter zu machen.*

TEIL 1
MARKTSITUATION UND POSITION DES KÜNSTLERS

WO WIR HEUTE STEHEN

1.1 AKTUELLE ÜBLICHKEITEN IM COMIC/CARTOON-MARKT (ERFAHRUNGSWERTE PROFESSIONELL ARBEITENDER KREATIVER)

Dieses Kapitel beleuchtet die Ergebnisse einer Umfrage unter zahlreichen professionell im Markt tätigen Comic- und Cartoon-KünstlerInnen sowie auch die Erfahrungen derer, welche gemeinhin als Nutzer unserer Arbeit auftreten: Redakteure, Verlagsleute, Art-Direktoren. Dem aufmerksamen Leser wird auffallen, dass hier, vor allem im Bereich der Vermarktung freier Projekte (wenn also der Kreative selbst initiativ wird, um eine eigene Schöpfung am Markt zu lancieren), oftmals in Teilen von den im Vorwort formulierten Minimal-Ansprüchen Abstand genommen wird. Hierzu sei beachtet, dass es sich in solchen Fällen nicht um „bestellte" Kunst geht, dass ein Verlag, Vertrieb oder sonstiger Partner natürlich – sofern er nicht nach eigenem Gutdünken dem Künstler eine Auftragsarbeit übertragen hat – eine kalkulierbare Grundlage für eventuelle Publikations-Entscheidungen braucht. Der Künstler muss in einem solchen Fall also tatsächlich erst einmal eine gewisse Vorleistung erbringen, um den Partner zu überzeugen, ihn mit ins Boot des gemeinsamen Projektes zu holen.

TIPPS AUS DER PRAXIS

Den konkreten Preisangaben möchte ich noch eine Reihe von Tipps und Kriterien vorausschicken, welche von sämtlichen Befragten einhellig als unbedingt beachtenswert bei der Einschätzung jeder Angebotssituation hervorgehoben wurden.

- **„Sich selbst was wert sein!"** – der Kunde ist oft entweder nicht in der Lage oder nicht bereit, den Wert der kreativen Arbeit von Bild- und Textautoren richtig zu beurteilen. Von Aussagen wie „das stricheln Sie doch in zehn Minuten hin" also in keinem Fall beeindrucken lassen.

  Überhaupt möglichst nicht nach Stunden abrechnen, damit ist man in einem Korsett gefangen, das einem z.B. bei optimierter Arbeitsweise und beschleunigtem Tempo plötzlich schlechtere Honorare beschert. Außerdem ist die Ideenfindung, der einzelne Gag beispielsweise, ohnehin nicht zeitlich veranschlagbar (die Designerverbände empfehlen in ihren Honorarlisten zwar die Berechnung nach Stundenaufwand, aber da geht es in erster Linie um klar zu beziffernde, „handwerkliche" Leistung – Kunst bzw. Kreativität lässt sich so schlecht erfassen!).

  Zur **Findung des oben genannten Eigenwerts** sollte jedoch durchaus mal eine zeitliche Rechnung aufgestellt werden. D.h. wenn ein Job, an dem ich zehn Stunden sitze, nicht wenigstens das Zehnfache dessen bringt, was ich als Mindeststundensatz für mich veranschlage, sollte ich mir ernstlich überlegen, ob die Sache lohnt. Der „künstlerische Wert" wäre bei einer solchen Rechnung ja sogar noch außer Acht gelassen. Daher ist es zu empfehlen, zwei bis drei abgestufte Stundensätze für die eigenen Grundsatzberechnungen aufzustellen: Stundensatz für rein handwerkliche Artservice-Arbeiten (Inking, Lettering, Scan- und Montagearbeiten etc.), für eingeschränkt kreative Arbeiten (Reinzeichnung,

Colouring etc.) und für schöpferische Grundlagenarbeiten (Ideenfindung, Script, Layout, Konzept, Seitenaufrisse, Skizzen etc.).

- **Zeitungen und Zeitschriften haben meist feste Bild-, Comic- oder Cartoon-Honorare.** Wenn diese zu niedrig erscheinen, ruhig mal antesten, ob nicht auch mehr drin ist. Oft dienen besagte „Listenpreise" nämlich nur als Vorwand, um dem Art-Buyer langwierige Diskussionen zu ersparen. Sollte die betreffende Publikation als Forum aber entsprechend attraktiv sein, kann durchaus auch bei niedrigeren Preisen bis zu einem gewissen Punkt Flexibilität gezeigt werden. Damit zum nächsten Punkt:

- Bei der Preisgestaltung ist immer auch mit einzurechnen, was eine evtl. Veröffentlichung an **Renommee** bringt. Manche u.U. gar nicht so gut bezahlten Jobs funktionieren eben sehr gut auch als Eigenwerbung. Das heißt nun gewiss nicht, man solle sich gleich selbst runterhandeln – es ist jedoch im Einzelfall gut abzuwägen, ob gewisse Veröffentlichungen nicht eventuell auch ein Zugeständnis wert sind.

  Aber Achtung: Zahlreiche Kunden benutzen genau diese Argumentation als Druckmittel, um sich mit dem Versprechen von Ruhm und Popularität immer wieder hochwertige Arbeit zum Nulltarif zu erschleichen (besonders im relativ jungen Geschäft der Online-Anbieter greift diese Unsitte um sich). Leider ist, wer so argumentiert, meist gar nicht wirklich für den großen Karriereschritt gut. Um so wichtiger ist es daher, sicher zu wissen, was man sich selbst wert ist und wo die Grenzen des möglichen Entgegenkommens liegen.

- Auch bei fest vereinbarten Honorarsätzen sollten, bei extrem hohem – vom Ursprungsbriefing abweichendem – Aufwand oder großem Zeitdruck, entsprechende **Aufschläge** möglich sein.

- Generell möglichst immer **Nutzungsvereinbarungen** oder **Verträge** abschließen, auch wenn das erstmal nicht unbedingt nötig erscheint. Natürlich gibt es Situationen, in denen ein langes Vertrauensverhältnis solche Vereinbarungen überflüssig macht, aber ein Vertrag ist ja niemals ein Misstrauensbeweis, sondern einfach eine gegenseitige Versicherung, ein Werkzeug, welches allen Beteiligten eine komplikationslose Jobabwicklung garantiert. Bei Leistungen kleineren Umfangs genügt oft auch eine (unwidersprochene) schriftliche Auftragsbestätigung als Grundlage (siehe TEIL 1/Kapitel 3).

  Sollte eine entsprechende schriftliche Fixierung der Konditionen zu früherem Zeitpunkt versäumt worden sein, so ist es ratsam, spätestens mit Rechnungsstellung zumindest den Umfang der erteilten Nutzungsrechte in der Rechnung klar festzuschreiben. Durch Zahlung der Rechnung sind diese Beschränkungen dann bestätigt und können nachträglich nur schwer infrage gestellt werden.

  Sauberer ist und bleibt aber stets eine Klärung und Festlegung sämtlicher Konditionen VOR Arbeitsbeginn und Rechnungsstellung!

- Auf jeden Fall müssen Kunden, ob alte Freunde oder neue Geschäftspartner, an **Nutzungshonorare** gewöhnt werden. Von vornherein sollte klargestellt werden, dass sich ein entsprechendes Honorar nur auf die gemeinsam definierte Nutzung bezieht. Jede weitere Nutzung muss neu verhandelt und bezahlt werden. Das heißt, das Eigentums- und Urheberrecht bleiben in jedem Fall beim Künstler (siehe TEIL 3/VERTRÄGE).

- Sollte es sich um einen Auftrag handeln, bei dem der Kunde von vornherein an einem totalen **Rechte-Buy-Out** interessiert ist (dies kommt z.B. bei der Schöpfung von Logofiguren und Maskottchen vor und ist in diesem Zusammenhang aus Kundensicht auch unumgänglich), so ergibt sich u.U. die Schwierigkeit, dass der potenzielle Wert eines solchen Buy-Outs oft nur schwer einzuschätzen ist. Die potenzielle, aber nur in wenigen Fällen hinterher auch wirklich erreichte Auswertungshöhe (internationale, multimediale Verbreitung, Merchandising etc. ... die Möglichkeiten sind nahezu unbegrenzt) kann immens sein – der Gegenwert dafür könnte dem Kunden (welcher u.U. am Anfang seiner Unternehmungen steht) zum Startzeitpunkt allerdings evtl. den Hals brechen.

In solchen Fällen ist eine zeitlich begrenzte Übertragung sämtlicher Nutzungs- und Weitergaberechte mit Option auf regelmäßige Nachverhandlungen und Vorkaufsrecht (inkl. Informationspflicht über die Auswertung seitens des Kunden) anzuraten. Darüber hinaus sollte man sich bei Characterschöpfungen und Nutzungsrechtabgabe IMMER eine Option auf Ausführung oder zumindest Kontrolle (Supervising/Approval) allen im Zusammenhang anfallenden Artworks sichern.

Generell ist ein Buy-Out natürlich nicht für 'nen Appel und 'n Ei zu haben. Die Übertragung sämtlicher Eigentums- und Nutzungsrechte an einer Schöpfung kann nicht zum selbenTarif zu haben sein wie eine einmalige, per Definition begrenzte Nutzung. Das sollte ohne größere Probleme auch dem begriffsstutzigsten Kunden vermittelt wereden können. Trotzdem muss auch hier natürlich bei der Preisfindung die Dimension der möglichen Auswertung sowie das Potenzial des betreffenden Kunden überhaupt berücksichtigt werden. Selbst wenn die Signetfigur für den Friseur um die Ecke durchaus Animations-, Kaffeetassen- und Saugnapfpuppentauglich ist, wird es zu einer solchen Auswertung voraussichtlich nie kommen. Der Preis hierfür kann folglich nicht in denselben Sphären angesiedelt sein wie der fürs Olympia-Maskottchen. (siehe hierzu auch die Angaben im Kapitel WIE'S DIE ANDEREN MACHEN und TEIL 3/VERTRÄGE)

- Auch bei Zeitungen und Zeitschriften muss der Preis selbstverständlich höher liegen, wenn sich der Auftraggeber (z.B. bei Titel-Illus) **alle Rechte** sichern möchte.

- Allgemein bei der Preisgestaltung die **Größe und Finanzkraft des Kunden** mit einrechnen. Außerdem abschätzen, ob ein bestimmter Auftrag eventuell noch weitere nach sich ziehen kann, sich somit eventuell auch ein etwas niedrigerer Preis auf lange Sicht rechnet (überhaupt sollte einem Sympathie und ein gutes, kooperatives Verhältnis zum Kunden ruhig auch was wert sein – das bedeutet allerdings keinesfalls, eine kooperative Situation könne durch gezieltes Dumping erkauft werden. Im Gegenteil: Wer nur durch tiefstpreise zu „fangen" ist, wird nie den Wert unserer kreativen Arbeit realistisch und fair zu schätzen wissen!).

- Bei Aufträgen von größerem Umfang (z.B. Illus in hoher Stückzahl) ist es durchaus üblich, entsprechende **Preis-Nachlässe** (Rabatte) zu geben. **Bei Mehrfachauswertung von Comics oder Strips** beispielsweise muss der Preis natürlich entsprechend nach unten korrigiert werden. Nur durch dieses Vorgehen können sich z.B. kleinere Zeitungsredaktionen leisten, Strips eines heimischen Autors zu publizieren. Diese Redaktionen sind die Niedrigstsätze großer Syndication-Agenturen wie Bulls, King Features Syndicate o.Ä. gewohnt und haben für mehr auch kein Budget. Dies erklärt die – auf den ersten Blick skandalös niedrig erscheinenden – Nutzungspreise für Strips bei Mehrfachauswertung. Wer sein Material aber tatsächlich konsequent und auf breiter Ebene mehrfach (z.B. bei zahlreichen Lokalblättern) nutzen lässt, merkt schnell, dass sich die Sache sehr wohl rentieren kann.

- Zusätzlich zum Nutzungshonorar muss bei reinen Auftragsarbeiten natürlich auch die **Entwurfsarbeit** und die **Erstellung der Reinzeichnung** berechnet werden. Im Bereich von Comic- und Cartoonveröffentlichungen ist dies leider meist nicht realistisch. Bei reinen Auftragsarbeiten, in deren Entwicklungsphase der Kunde evtl. sogar noch reinredet, sollte man's aber dennoch versuchen (oder eben den Preis von vornherein höher ansetzen).

- Grundsätzlich lieber **nicht zu voreilig irgendwelche Preisaussagen machen**. Verhandlungsbereitschaft signalisieren (starres Beharren auf überzogenen Vorstellungen kann so manches interessante Geschäft bereits im Vorfeld blockieren). Ruhig auch mal Preisvorstellungen vom Kunden erfragen, wenn man sich selbst nicht so sicher ist. Da kann dann immer noch verhandelt werden.

Fazit all dieser Aussagen ist also, dass der Wert kreativ/künstlerischen Arbeitens – innerhalb gewisser Grenzen – schlussendlich immer eine Frage der persönlichen Einschätzung bleibt. Dieses Büchlein liefert dazu allerdings fundierte Berechnungs-Grundlagen, auf deren Basis sich das individuelle Vorgehen als eine Kombination der folgenden Faktoren ableiten lässt:

1. **voraussehbarer Zeitaufwand und daraus zu errechnende Mindest-Leistungsvergütung**
2. **Einschätzung des Kunden, seiner Finanzkraft, Auftragsumfang und Nutzungsart**
3. **eigene Erfahrung mit vergleichbaren Projekten (bzw. Berücksichtigung oben genannter Punkte)**
4. **eventuelle Bedeutung des Jobs als Aushängeschild und „Multiplikator" sowie...**
5. **Wert des eigenen „Namens" und was man sich selbst wert sein sollte, was also eine bestimmte Untergrenze festsetzt.**

ÜBER DIE DISKREPANZ ZWISCHEN WUNSCH UND WIRKLICHKEIT

Bei einem angenommenen Mindeststundensatz von 30,– € (siehe hierzu auch den Absatz BETRIEBSKOSTENRECHNUNG unter 4.1)* müsste also eine Comicseite, an der, je nach Stil und Künstler, 5 bis 60 Stunden gearbeitet wurde, zwischen 150,– und 1.800,– € bringen. Natürlich ist diese Rechnung zu einfach, da sich der Ertrag bei Mehrfachauswertung ja entsprechend aufsplitten kann und außerdem auch der Verkauf der Originalseite evtl. nochmal zusätzlich was einbringt. Trotzdem ist es bezeichnend, dass die Üblichkeiten im Markt (ungeachtet der aufgewendeten Arbeitsstunden) immer noch oft nicht einmal an die Untergrenze obiger Kalkulation heranreichen.

Im Übrigen zeigt diese Rechnung nochmals, dass sich das Abrechnen nach Stunden in der Praxis des Comic/Cartoon-Produzenten meist als höchst unsinnig erweist.

Hier muss eben nach wie vor bei der Preisfindung der persönliche Spaß und das Interesse am jeweiligen Job weit über alle anderen Kriterien gestellt werden.

* Unter diesen Stundensatz sollte – schon aus Rücksicht auf die Kollegen – im „normalen", also auftragsgelenkten Geschäft niemand gehen! Die Grafikerverbände empfehlen für Entwurfs-, Reinzeichen- und sonstige kreative Arbeit mittlerweile Minimal-Stundensätze zwischen 45,– und 75,– €.

Nun aber endlich zu konkreten – durch einige klärende Erläuterungen ergänzte – Zahlen. (Alle im Folgenden aufgeführten Preise verstehen sich als Netto-Preise. Der professionell tätige und mit seiner Tätigkeit finanzbehördlich gemeldete Kreative sollte sich bei der Beurteilung dieser Beträge stets des Abzugs der Einkommensteuer und weiterer gesetzlich festgelegter Abgaben bewusst sein und er muss in jeglicher Rechnung den für ihn gültigen gesetzlich vorgeschriebenen Mehrwertsteuersatz noch draufschlagen – mehr dazu im Kapitel 1.3 WAS SONST NOCH ZU SAGEN BLEIBT):

STRIPS

Verhältnismäßig leicht einzuordnen, da von Pressediensten und Agenturen schon gewisse Üblichkeiten geprägt sind.

Bei Exklusivanfertigung eines Strips (1 Streifen) in schwarz/weiß für **Zeitungen mit kleiner bis mittlerer Auflage** (bis ca. 100. 000), Anzeigenblätter, Stadtzeitungen etc. ca. **100,– €**

*(Bei Mehrfachauswertung, d.h. Abdruckrechtsvergabe für bestehendes Material (**Syndication**) entsprechend weniger ≈ **55,– €** pro Abnehmer. Drunter sollte man – auch bei vielfacher Auswertung – keinesfalls gehen, sonst wird's wieder zum Dumpingpreis.)*

Exklusiv-Erstellung desselben Strips für **Publikumszeitschriften und überregionale Tageszeitungen** (Auflage bis 1 Mio.)
ca. **150,– €**

Für auflagenstarke **Massenblätter** (über 1 Mio. Auflage) ca. **200,– €.** Bei Mehrfachauswertung gilt auch hier, ähnlich wie oben, eine Reduktion des Preises auf ca 50%.

Für **Vierfarberstellung** ist ein – aufwandsabhängiger – Aufschlag zwischen 25 und 40% drin.

Bei kontinuierlicher, garantierter Veröffentlichung, die einem Planung, Abrechnung und Vorproduktion vereinfacht, sind 10–20% **Rabatt** auf obige Preise möglich.

Auch wenn statt eines Einzelstrips gleich halbe (zwei Streifen) oder ganze (3–4 Streifen) Seiten veröffentlicht werden, sollte der Preis einen gewissen **Rabatt** beinhalten (im ersten Beispiel einer kleineren Zeitung also ca. 180,– € für zwei Streifen bzw. 320,– € für vier).

Abweichungen von diesen Durchschnittswerten gibt es natürlich – so zahlt z.B. ein auflagenstarkes Massenblatt derzeit für einen Strip standardmäßig unter 50,– € (ungefähr dasselbe bekommen dort allerdings auch Amateurnakedeis als Bildhonorar), auf der anderen Seite gibt so manches eher kleinauflagige Special-Interest-Magazin für einmaliges Nutzungsrecht eines Strips bis zu 250,– € aus – dies hängt u.a. vom Stil der Publikation, der Gutwilligkeit der Verhandlungspartner und vom Wert des „Namens" eines Künstlers ab.

COMICSEITEN

Hier wird's nun schon bunter und bisweilen schwerer einschätzbar, was einerseits auf die Unterschiedlichkeit und Vielschichtigkeit der Publikationsformen sowie auf die angespannte wirtschaftliche Situation zurückzuführen ist, in denen sich Teile des Marktes befinden.

Seitenpreise werden in der Regel nur bei Veröffentlichung von Einzelseiten oder Kurzbeiträgen (in Zeitschriften oder Anthologien) oder aber im (durchaus immer noch boomenden) Kioskgeschäft gezahlt. Im zuletzt genannten Bereich geht es allerdings meist um die Umsetzung so genannter Lizenz-Charaktere – also reiner Art- und Kreativservice auf der Basis vorgegebener Stile und Characterwelten.

Bei **Veröffentlichungen in Buch- oder Albenform** werden – in Übereinstimmung mit den allgemein gängigen Üblichkeiten im Buch- und Verlagswesen – meist **prozentuale Beteiligungen am Ladenverkaufspreis** ausgehandelt (welcher bei einer hohen Seitenanzahl natürlich auch entsprechend höher ausfällt). Üblich sind hier so **zwischen 5 und 10 Prozent**, auf die ein (ebenso auszuhandelnder) **Vorschuss** gezahlt wird (dieser bewegt sich, bei normalem Albenumfang (40–60 S.), meist zwischen **2.500,–** und **3.000,– €**). Dabei sollte dieser Mindestbetrag auf alle Fälle garantiert werden, um auch bei schlechtem Absatz der Auflage keinesfalls mit Rückzahlungsforderungen seitens des Vertragspartners konfrontiert werden zu können. Auch regelmäßiger Aufschluss seitens des Verlages über den Absatzverlauf ist im Verlagsgewerbe eigentlich selbstverständlich und kann gegebenenfalls durchaus eingefordert werden.

Ähnliche Prozentsätze sind auch in angrenzenden Bereichen, beispielsweise beim Kinderbuch, üblich.

Wie nun diese Prozente beim Ergebnis einer Teamarbeit aufgeteilt werden, ist sehr unterschiedlich und muss in erster Linie zwischen den beteiligten Autoren ausgehandelt werden. Von 50/50 bis 20/80 (Autor zu Zeichner) ist alles schon dagewesen. Bei weiterer Aufsplittung (beispielsweise Colorierung, Lettering, Pencil, Ink etc.) wird's natürlich noch komplexer.

Nun zu den Einzelseiten:
Die Empfehlungen der Grafikerverbände bewegen sich hier zwischen **250,–** und **1.000,– €** für eine s/w-Seite mittleren Aufwands (angenommener Zeitaufwand 5 Stunden). Dass dies selbst im Werbebereich bisweilen (aber durchaus nicht immer!) etwas **zu hoch gegriffen** ist, weiß jeder, der dieses Segment regelmäßig bedient. Ein entsprechend interessantes Budget macht schon hin und wieder solche Preise möglich – der dafür anfallende Erstellungs- und Korrekturaufwand liegt dabei jedoch meist weit über der o.g. Stundenzahl. Dass bei solchen Größenordnungen deutschsprachige Verlage allerdings nicht ein einziges Album produzieren und verlegen könnten, sollte jedem klar sein.

Doch auch unterhalb dieser Grenze ist die Palette äußerst breit gefächert:

Ein, zwar niedriger, aber gängiger Richtwert ist bei den wenigen deutschsprachigen **Comicmagazinen** auszumachen. Im Allgemeinen werden hier – ungeachtet der Frage, ob es sich um Exklusiv-Veröffentlichung oder Nachdruck handelt – zwischen **55,–** und **70,– €** pro s/w Seite gezahlt, für Farbseiten ca. **100,– €**. Dies gilt jeweils für die einmalige Nutzung und erklärt sich durch die relativ niedrigen Auflagen der betreffenden Blätter.

Derselbe Betrag ergibt sich übrigens auch annähernd, wenn man die üblichen Vorschüsse auf Albenproduktionen durch ihre Seitenanzahl teilt (oft liegt man dabei sogar noch unter der 50-Euro-Grenze).

Sowohl der gesunde Menschenverstand als auch das Verantwortungsbewusstsein gegenüber unserer Profession sollte es jedem Kreativen eigentlich verbieten, zu diesen Honoraren zu arbeiten. Andererseits braucht jeder Markt, jede Kunstgattung, die lebendig bleiben möchte, Bewegung. Und diese geht in unserem Bereich eben meist von den wenigen, oft kleinstauflagigen, Magazinen und Verlagsprojekten aus, welche in vielen Fällen kaum je über den Status ambitionierter Zuschussobjekte hinauskommen. Ohne diesen Umstand nun hier ausführlicher beleuchten zu wollen: Kunst und Kultur kann große Umsätze bringen, lebt aber z.T. auch stets von der Leidenschaft und nichtkommerziellen Unterstützung einzelner Kulturschaffender! Jeder muss von Fall zu Fall selbst entscheiden, ob eine Beteiligung an einem entsprechenden Projekt begründet erscheint. Je reeller und stabiler sich der Betreffende in seinem sonstigen Berechnungsgebaren verhält, umso leichter wird es ihm dann im Einzelfall sein, sich für die Beteiligung an einem No-Budget-Projekt zu entscheiden!

Bei **Stadt- oder Tageszeitungen**, **den gängigen Satirezeitschriften**, erst recht aber bei **auflagenstarken Publikumszeitschriften** liegen die Üblichkeiten schon näher an einer reellen Aufwandsbewertung. Da geht die Spanne im allgemeinen von **150,–** bis **400,– €** (bei regionaler Verbreitung), **200,–** bis **600,– €** oder gar noch darüber (bei bundesweitem Auftreten). Das hängt wiederum vom „Namen" des Künstlers, von Aufwand, Auflagenhöhe und dem eigenen Verhandlungsgeschick ab.
Bei Zweit- oder Drittverwertungen sollte der Preis allerdings wieder entsprechend nach unten angepasst werden.

Jenseits dieses Marktes gibt es noch verschiedene andere Bereiche (**Werbung, Mitarbeiterzeitschriften, Schul- und Fachbuchverlage etc.**). Hier wird die Lage noch unübersichtlicher. Man muss sich wieder mehr auf die eingangs genannten Faktoren stützen, sollte aber in jedem Fall davon ausgehen, dass hier durchaus unter Hinzuziehung üblicher wirtschaftlicher Berechnungsfaktoren vorgegangen werden kann. Wo mit der Arbeit des Kreativen reguläres Geschäft gemacht wird, können auch reguläre Preise gezahlt werden (s/w-Seitenpreise ab ca. **200,– €** sollten Minimum sein)! Auch kommt hier hinzu, dass oftmals nach sehr konkreten Vorgaben gearbeitet wird, was – je nachdem – sowohl als Last wie auch als Segen empfunden werden kann.

Bei Comicseiten für **Kioskprodukte mit Massenauflage** (auf dem deutschen Markt vor allem Periodika für die Kleinen und Kleinsten – Vorschulmagazine, wenige Comic-Hefte und Begleit-Hefte zu aktuellen TV-Lizenzthemen etc.) sollten eigentlich **275,– €** das absolute Minimum sein, mit einem entsprechenden (25–30 %) Farbaufschlag. Wie man das dann in die verschiedenen Arbeitsgänge (Text, Scribble, Pencil, Tusch-Reinzeichnung) aufteilt, ist Verhandlungssache, eine Drittelung des Honorars böte sich an und ist in den meisten Fällen sicher auch nicht zu abwegig. Die Preise in diesem Segment stagnieren seit Anfang der 90er-Jahre des vergangenen Jahrhunderts. Seit Ende der 90er sind sie sogar auf schleichendem Sinkflug – was vor allem auf eine zunehmende europaweite Monopolisierung des Kioskgeschäfts sowie auf New-Economy-konforme, brutale Rationalisierungsmaßnahmen innerhalb der maßgeblichen Verlage zurückzuführen ist.

Allerdings werden Aufträge dieser Art nach wie vor ohnehin nur äußerst selten an Künstler aus dem deutschsprachigen Raum vergeben, da entsprechendes Material früher weit billiger aus dem Ausland bezogen werden konnte. Mittlerweile sind Anbieter aus dem europäischen Ausland eigentlich kaum noch nennenswert billiger, sie bieten aber den – auf absolut verlässliche Professionalität angewiesenen – Verlagskunden nach wie vor meist den Vorteil größerer Stilsicherheit, Anpassungsfähigkeit an die jeweils gefragten Lizenz-Stile und oft unglaublicher Schnelligkeit.

Hier ist für Kreative aus dem deutschsprachigen Raum noch viel aufzuholen. In diesem Markt werden wir nur konkurrenzfähig, wenn sich stabile Studiostrukturen bilden, welche in optimal organisierter Teamarbeit sowohl große Seitenmengen als auch gleichbleibende Qualität garantieren können. Sicher, das ist nicht jedermanns Sache und mancher Kreative fühlt sich innerhalb einer solchen Struktur in seiner potenziellen Qualität gebremst – trotzdem ist genau hier eine gewisse Nachfrage zurückzuholen. Denn, bei aller Unkerei: Es wird nach wie vor auch im deutschsprachigen Raum mit Comic Geld verdient. Die Kreativen sollten daran zweifellos teilhaben!.

LIZENZGESCHÄFT

Für die Vergabe von Auslands-Lizenzen an Comic-Seiten, -Stories oder albenlangen Werken sind ähnliche Prozentbeteiligungen üblich wie schon unter COMICSEITEN genannt (5–10 % vom Ladenverkaufspreis).

LETTERING

Hier wird üblicherweise pro bearbeiteter Comicseite berechnet. Ein gängiger Mittelwert ist hier wohl bei **12,– € pro Seite** anzusiedeln, mit jeweiligen Eckwerten bei 7,– bzw. 15,– €. Es gab natürlich auch schon Werte, die diese Angaben unterschritten, kleine Verlage können meist nicht so viel zahlen (tun's manchmal aber trotzdem!).

Mittlerweile hat in diesem Bereich das Computer-Lettering anteilig wohl bereits eindeutig das klassische Handlettering überholt. Die Automatisierung schlägt hier zwar ein klein wenig im Tempo und deutlicher in der bequemeren Weiterverarbeitung zu Buche, die Preise sind jedoch für beide Vorgehensweisen etwa in gleicher Höhe zu kalkulieren.

ÜBERSETZUNGEN

Hier sind – wie früher auch beim Lettering – zwei verschiedene Verfahrensweisen üblich (nach Manuskriptseite oder nach Comicseite – wobei die Bezahlung seltsamerweise für beide Verfahren etwa gleich ist). Der Richtwert liegt hier so zwischen **12,–** und **20,– €** pro Seite. Natürlich ist es auch hier möglich, dass kleinere Projekte nicht so viel geben können (so sind auch schon **7,– €** vorgekommen). Andererseits kriegen versierte „Spitzenkräfte" auch schon mal über **25,– €**. Auch hier fällt auf, dass man mit solchen Werten teilweise deutlich unter den in anderen Sparten üblichen Übersetzungshonoraren liegt.

Obige Angaben beziehen sich nun allerdings auf Übersetzungen aus den gängigen Sprachen (Englisch, Französisch, Spanisch etc.). Für eine Übersetzung in Kisuahcli wäre u.U. noch ein gewisser Aufschlag rauszuholen.

FARBSERVICE – ANDERE TEIL-ARTSERVICES

Die international übliche Praxis der „Anpassung" ausländischen Lizenzmaterials an marktübliche Gegebenheiten und Lesegewohnheiten macht, außer Lettering und Übersetzung, oft auch noch einen zusätzlichen Farbservice nötig. Entweder, weil das betreffende Material nur in s/w-Version vorliegt, oder aber weil die Farbgebungen aus anderen Märkten oft dem hiesigen Publikum nicht nahe zu bringen sind. Auch die oben angesprochene arbeitsteilige Erstellung von Lizenz-Artwork macht ein Aufschlüsseln verschiedener Arbeitsschritte nötig

Farbe Colouring

Hier wird im Comicbereich mittlerweile vorwiegend per Computer gearbeitet. Dies ermöglicht einerseits eine gewisse Schnelligkeit und erleichtert eventuell anfallende Korrekturen, vor allem aber sind digitale Datensätze für den Kunden in der Weiterverarbeitung deutlich komfortabler UND der Druckausfall kommt dem „Original" deutlich näher als zum Beispiel einer aufwändig angelegten Aquarellkolorierung.

Trotzdem gibt es natürlich nach wie vor, vor allem im Cartoon-Bereich sowie bei autorenverantworteten Comicprojekten, die Option der Handfärbung, die dem Produkt oftmals gerade erst die ganz persönliche Note verpasst.

Gängige Seitenpreise für **digitalen Colourservice** bewegen sich zwischen **45,–** und **125.– €**. Darunter sollte es keinesfalls gehen, Ausrutscher nach oben kommen durchaus vor (z.B. bei Cover-Artwork oder wenn gewisse Grafik- und/oder Montage-Arbeiten mit im Job einbegriffen sind – dann kann's schon auch mal bis gegen **175.– €** gehen).

Für **handgemachtes Colouring** (was oft auch noch die teilweise Mitbetreuung farbigen Inkings beinhaltet) sollte der unterste Minimalwert bei **80.– €** liegen. Nach oben kann's bis zu **200.– €** und drüber gehen.

All diese Angaben beziehen sich auf Comic- bzw. aufwendige Illustrationsseiten. Für einzelne Cartoon-Illus können die Werte ggf. auch darunter liegen.

Layout-Scribble, Pencil, Ink

Die Aufschlüsselung dieser Arbeitsschritte in allgemein verbindliche Werte ist nahezu unmöglich, ergibt sich aber meist aus dem anteiligen Splitting des zur Verfügung stehenden Gesamt-Artworkpreises. Die prozentuale Verteilung auf die einzelnen Leistungen hängt von ihrem jeweiligen schöpferischen Anteil am Gesamtprodukt ab. So kann die Arbeit des Pencillers ein reines Cleaning-up einer bereits in allen Details ausgearbeiteten Scribble-Vorlage sein, oder aber auch eine stilprägende, das Produkt kreativ aufwertende Umsetzung einer nur rasch hingeworfenen Layout-Skizze bedeuten. Andererseits lassen zahlreiche Künstler ihre Pencil-Zeichnungen in vielen Details in halbfertigem Zustand, da sie sich auf einen eingespielten und seinerseits kreativen Inker verlassen können. Andere Inker fahren lediglich sämtliche Linien eines akribisch ausgefeilten Pencil-Clean-ups nach. All diese Aspekte müssen natürlich bei der prozentualen Bewertung der einzelnen Team-Arbeitsschritte einbezogen werden.

Üblich und vorstellbar ist z. B. eine prozentuale Verteilung wie folgt: **Layout-Scribble 30%, Pencil 40%** und **Ink 30%**. Kommen Scribble und Pencil aus einer Hand, so kann sich das Verhältnis bis hin zu 60%/40% verschieben.

ILLUSTRATIONEN, EINZELCARTOONS, SONSTIGE AUFTRAGSARBEITEN

Auch hier ist das Spektrum nahezu unbegrenzt und sehr schwer einzuschätzen. Trotzdem ist dieser Bereich wohl der, in dem die meisten Jobs anfallen, in dem sich der Comic-Zeichner am ehesten seinen Lebensunterhalt verdient.

Generell geht es hier, so sehr wie in keinem der vorher genannten Bereiche, um den wirtschaftlichen Hintergrund des jeweiligen Arbeitgebers und des Marktes, in welchem er agiert. Überspitzt formuliert ist es hier möglich, bei exakt gleichem Zeitaufwand entweder gar nichts (z. B. im Falle einer Plakat-Illustration für eine befreundete Band) oder mehrere Tausend (bei Verwendung einer gleich aufwändigen Illustration im Rahmen einer umfangreichen Werbekampagne eines Großkunden mit Riesenetat) zu verdienen.

Trotzdem im Folgenden einige Anhaltspunkte zu den verschiedenen Bereichen:

Illustrationen für Zeitungen / Zeitschriften

Hier haben die meisten, wie schon gesagt, feste Sätze. Das beginnt unter **50,– €** pro Illustration (kleinere Tageszeitung) und kann bis **nahe an die Tausend** gehen (bei hochauflagigen Publikumszeitschriften und entsprechend höherem Aufwand). Stars setzen da teilweise sogar noch eins drauf. Unterhalb der Schwelle von **100,–** bis **150,– €** sollte man ruhig guten Gewissens (auch bei kleineren Zeitungen) verhandeln. Der Markt muss sich einfach darauf einstellen, dass Illustratorenarbeit – wie jeder andere Service – eben nicht zu Ramschpreisen zu haben ist.

Auch in diesem Fall ist der Endpreis selbstverständlich abhängig von der jeweiligen Nutzungsvereinbarung. Für die uneingeschränkten Nutzungsrechte muss der Kunde natürlich deutlich mehr hinlegen als für eine einmalige Veröffentlichung.

ANTEILSSÄTZE FÜR ILLUSTRATORENAGENTUREN

Gerade für die Auftragsbeschaffung im – am ehesten lukrativen – Illustrations-Bereich erscheint der Akquise-Aufwand für den einzelnen Kreativen oft unrentabel hoch. Hier bietet es sich an, die Dienste einer entsprechend spezialisierten Agentur in Anspruch zu nehmen. Deren Service wird im Allgemeinen mit einer prozentualen Beteiligung am jeweils erzielten Honorar vergütet. Hier sind ca. **25 %** üblich (mit Abweichungen bis zu 10 % nach oben und 5 % nach unten). Eine solche Beteiligung des Agenten am Honorar mag auf den ersten Blick hoch erscheinen, dabei ist allerdings sein teilweise immenser Aufwand und Einsatz für die Interessen der durch ihn repräsentierten Künstler mit zu bedenken sowie die Tatsache, dass sich durch die Agenturbetreuung, deren Erfahrung und Verhandlungsgeschick eventuell ein deutliches Mehr an Aufträgen ergibt, was die Sache durchaus lohnend machen kann!

Die zu vereinbarende Prozentbeteiligung für die Agentur sollte allerdings auch davon abhängig gemacht werden, ob der Agentur ein Exklusiv-Vertretungs-Anspruch eingeräumt wurde.

Allerdings muss hier ergänzend darauf hingewiesen werden, dass Agenturen und Repräsentanten selbstverständlich auf die Exklusivität, Qualität und Verlässlichkeit des von ihnen angebotenen Künstler-Pools bedacht sein müssen. Ein guter Agent wird also eine ganze Reihe strenger Auswahlkriterien beachten, bevor er sich für die Vertretung eines neuen Künstlers entscheidet.

*(Eine ausführliche Adressliste von Comic/Cartoon- und Illustratoren-Agenturen findet sich im **ICOM**-Handbuch.)*

Grundsätzlich sollte der Preis bei solchen Auftragsillustrationen nicht zu niedrig angesetzt werden, da die Zeichnung ja speziell für den jeweiligen Anlass gefertigt wurde, der Preis somit auf jeden Fall Nutzungs- UND Erstellungshonorar beinhalten muss.

Im Einzelfall ist es anzuraten, sich bei Kollegen zu erkundigen, welche bereits für dieselbe Publikation tätig waren.

Buchillustrationen

Wie auch sonst abhängig von Auflagenhöhe und generell von Größe und Bedeutung des Verlags. Einzelillustrationen sollten aber mindestens **55,– €** bringen und können (beispielsweise bei aufwändiger Farbtechnik und hoher Auflage) auch über die **500,– €**-Grenze gehen. Im Falle eines ganzen Auftragspakets (z.B. eine Reihe von 30 bis 40 Illustrationen zu einem Projekt) sollte auf oben genannte Preise ein Rabatt angerechnet werden.

Illustrationen für Plakate, T-Shirts, Plattencovers, Postkarten etc.

Ebenso schwammig wie oben. Zwischen **200,–** und **400,– €** pro Motiv sollten aber im Allgemeinen (je nach Aufwand) schon drin sein. Hängt auch wiederum von der Größenordnung ab, in der das Ganze dann vermarktet wird. Bei Shirts und Postkartenmotiven sind teilweise auch prozentuale Beteiligungen üblich, die allerdings eher unterhalb des bei Comicalben üblichen Wertes liegen (eher bei 5%).

ILLUSTRATIONS- UND ENTWURFSARBEITEN IM FILM- UND ANIMATIONSBEREICH

Der Bereich der Animation an und für sich stellt – ebenso wie auch das Grafik-Design und die neuen Medien – ein so umfangreiches Feld mit spezifischen Markt-Mechanismen und Berechnungssystemen dar, dass es uns im Rahmen dieses Ratgebers nicht möglich ist, den ganzen Bereich umfassend und im Detail zu erfassen.

Trotzdem sei an dieser Stelle kurz auf einige wenige – im Pre-production-Bereich anzusiedelnde – Entwurfsleistungen eingegangen, welche erfahrungsgemäß häufig auch von Comic-/Cartoon-Artists und Illustratoren betreut werden (weitergehende Preislisten zu Animations-Leistungen stellt der **ICOM** so bald als möglich über seine Web-Site zur Verfügung – außerdem sei hierzu auch auf die Link-Liste im Anhang (5.3) dieses Ratgebers verwiesen).

Storyboard

Aufgrund der nahen Verwandtschaft im grafischen Erzählen von Film und Comic prädestinieren sich Comic-Artists natürlich geradezu für die Bearbeitung von Film- und Animations-**Storyboards**. So sind viele Comic-Profis nebenbei auch als Storyboarder für Spots, Animation und Großfilmproduktionen tätig.

Auch hier variieren die Preise selbstverständlich je nach Produktionsbudget und Reputation des Künstlers, im professionellen Alltag sind jedoch Mittelwerte **zw. 20,– und 50,– €** pro Einzelbild auszumachen (was auf einen Bogenpreis – 4 Bilder pro Bogen – zwischen 80,– und 200,– € hinausläuft).

Layout-Illustrationen

Für **Layout-Illustrationen** (Animationshintergründe) gelten Preise zwischen **200,–** und **500,– €**.

Character-Creation

Ebenso gern gesehen sind Comic-/Cartoon-Kreative als **Character-Design**er für Animations-Produktionen. Dies setzt allerdings nicht nur eine sprudelnde Fantasie und Liebe zum Detail voraus, sondern erfordert darüber hinaus eine profunde Kenntnis der Animationstechniken.

Es muss klar zwischen reinen **Entwurfsskizzen** (zw. **40,–** und **100,– €** pro Skizze) und komplett ausgearbeiteten Kreationen (inkl. Konstruktion und 2- bis 5-stufigem Turnaround zw. **100,–** und **300,– €**) unterschieden werden. Auch hier gibt es natürlich, wie fast in allen anderen Bereichen, teilweise extreme Abweichungen nach oben wie unten – das Feld zwischen Billigst-TV-Produktionen und High-Budget-Werbe-Spot ist eben weit.

ILLUSTRATIONEN IM WERBEBEREICH

Hier ist der Partner manchmal ein kleiner oder mittlerer Direktkunde (der dann oft möglichst nicht nur die Illu, sondern den Komplettservice geliefert bekommen möchte), meist aber wohl das Art-Bying einer Werbe-Agentur.

Beim Direktkunden besteht der Vorteil, dass niemand dazwischengeschaltet ist, der auch noch seinen Teil abhaben will. Man kann also den gesamten Ertrag der eigenen Arbeit für sich verbuchen.

Andererseits sind diese Direktkunden oft eben genau jene, die sich eine Agentur nicht leisten können und deshalb auch beim Künstler selbst noch versuchen werden, den Preis zu drücken. Außerdem kann es unter Umständen ziemlich nervenaufreibend sein, einen entsprechenden Auftrag mit einem unerfahrenen Kunden (und eventuell auch mangelnder eigener Erfahrung im weiterverarbeitenden Gewerbe) durchzuziehen – den dabei möglicherweise entstehenden Ärger kriegt man dann doch nicht unbedingt bezahlt. Auch sind Agenturen oft auch einfach die besseren „Verkäufer“, sie arbeiten üblicherweise mit Kunden, die – innerhalb eines einmal verabschiedeten Budgets – nicht jeden Cent umdrehen. Dazu kommt, dass die richtig großen Aufträge meist ohenhin nur über Agenturen zu bekommen sind.

Auf jeden Fall ist im Werbegeschäft durchaus eine adäquate Bezahlung drin, selbst wenn man bei einem kleineren Kunden evtl. erst noch darum feilschen muss.

Grundsätzlich sollte in diesem Bereich der Preis von vornherein in Entwurfsarbeit, Reinzeichnung und Nutzungshonorar aufgesplittet werden. Dies ist aus mehreren Gründen wichtig:

1. muss der Kunde begreifen, dass Entwurfsarbeit in jedem Fall bezahlt gehört – auch wenn das Ergebnis am Ende doch nicht zur Verwendung kommen sollte;

2. kann sich eine Entwurfsphase u.U. ganz schön hinziehen, dem Kunden immer wieder was Neues einfallen – man muss sich die Möglichkeit offen halten, diese Mehrarbeit entsprechend abrechnen zu können und

3. sollte der Kunde dafür sensibilisiert werden, dass mit Bezahlung von Entwurf und Reinzeichnung nicht automatisch alle Rechte bei ihm liegen. Über die Nutzung muss getrennt verhandelt werden. In der Zusammenarbeit mit Agenturen ist diese Form der Abrechnung allgemein üblich.

Unterschieden wird nach der Art der Aufträge:

Einzelzeichnungen für One-Shots (z. B. Zeitungsanzeige) – geringer Aufwand

ohne Entwicklung spezieller Figuren oder Einbindung in ein wie auch immer geartetes Gesamtkonzept können ungefähr so wie Zeitungs- und Zeitschriften-Illus behandelt werden (wobei man hier etwa bei **100,– €** eine Untergrenze setzen sollte). Ein ganzes Paket solcher Zeichnungen kann natürlich durch die Masse interessant sein und dadurch den Einzelpreis nochmals etwas senken.

Einzelzeichnungen zur Verwendung im Rahmen großer Kampagnen – mittlerer bis hoher Aufwand

Illustrationen, welche im Rahmen einer umfangreichen Gesamtkampagne (Anzeigen, Plakate, Flyer etc.) mehrfach zur Verwendung kommen und einen maßgeblichen Teil der Kampagnenoptik darstellen, haben eine Schlüsselrolle im Gesamtkampagnenkonzept und müssen adäquat bewertet werden. Hier wird also zur Ermittlung des Endpreises neben den reinen Aufwandskosten (Illustrationserstellung, Stundenaufwand) die Beurteilung des übertragenen Nutzungsrechteumfangs zum wichtigen Berechnungsfaktor (siehe 4.2). Dies führt, je nach Aufwand und Nutzungsumfang, zu Illustrationspreisen zwischen **350,–** und **5.000,– €** oder mehr.

Werbefigur (Signetfigur, Maskottchen...) für Kampagnen, Erscheinungsbilder, CI's

Wie immer abhängig von Größe der Kampagne bzw. des Gesamtetats des Projektes. Hier sollte der Preis nicht zu niedrig angesetzt werden, da der Kunde ja, in aller Regel, am Ende alle Rechte an dieser Figur in Anspruch nimmt. Man hat also nicht unbedingt die Garantie, hinterher auch für alle anfallenden Umsetzungen dieser Figur herangezogen zu werden (eine solche Hinzuziehungsgarantie könnte allerdings Teil der Rechteübertragungsvereinbarung sein!).

Für den Entwurf und die Rechte sind Preise zwischen **500,–** und **3.000,– €** üblich (dies gilt für die meist anfallenden kleinen und mittleren Kampagnen). Natürlich ist das nach oben offen (bei Großkonzernen, internationaler Auswertung etc.) und sollte gegebenenfalls auch dementsprechend aufgestockt werden!

Für die Umsetzung der betreffenden Figur ist pro einzelne Reinzeichnung (je nach Aufwand, Größenordnung und Art der Nutzung) zwischen **150,–** und **400,– €** zu berechnen.

Storyboards für Werbespots

Allgemein ist hier ein Wert von **40,–** bis **60,– €** pro Zeichnung im Umlauf, was aber je nach Arbeitsaufwand und Gesamtetat auch überschritten werden kann. Auch für Spielfilmprojekte sollte dieser Satz gelten, wobei hier natürlich, wie überall, ein entsprechender Zweck auch Zugeständnisse möglich machen sollte.

Layoutzeichnungen

zu Präsentationszwecken beim Kunden (oder auch nur agenturintern) eingesetzt – müssen je nach Arbeitsaufwand und infragestehendem Gesamtbudget berechnet werden. Zur Errechnung der Untergrenze sollte man sich hier an den gerade noch akzeptablen Minimal-**Stundensatz von 30,– bis 40,– €** halten. Dass bei Präsentationszeichnungen für einen Millionenetat natürlich mehr rausspringen muss, ist selbstverständlich.

ILLUSTRATIONEN FÜR INTERNET UND NEUE MEDIEN

Als relativ junger Markt hat dieser Bereich naturgemäß in verstärktem Maße mit den Definitions-Schwierigkeiten zu kämpfen, die wir teilweise ja selbst im Bereich der herkömmlichen (Print-) Medien noch nicht gänzlich überwunden haben. Eingespielte Vergütungsrichtwerte gibt es zumeist noch kaum, der ganze Markt befindet sich weiterhin in stetem Fluss, die Standortbestimmung der hier aktiven Unternehmen und der möglichen Erträge ist noch längst nicht abgeschlossen. Daher gibt es hier derzeit alles: vom absoluten No-Budget-Projekt bis hin zu ausgesprochen gut bezahlten Artwork-Jobs.

Im Grunde kann hierzu momentan nur gesagt werden, dass es für den Kreativen eigentlich keinen Unterschied machen sollte, ob er seine Arbeit nun für ein herkömmliches oder ein so genanntes „neues" Medium leistet. Auch hier kann sich die Preisfindung also nur nach Zeitaufwand, Nutzungsart, Kundenprofil und eigenem Marktwert orientieren.

Für die **Online-Nutzung bereits bestehenden Illustrationsmaterials** wird im Allgemeinen gemäß dem Nutzungszeitraum abgerechnet (eine räumliche Nutzungsbegrenzung macht im Internet begreiflicherweise wenig Sinn, da ja gerade die zeitgleiche weltweite und unbeschränkte Verfügberkeit des Online-Angebots das Medium überhaupt erst ausmacht!).

Als Orientierungseckwerte hierfür können die **Preise unter Copyright für bestehendes Material aus unserer Liste 2.1** gelten. Ebenfalls interessant zur Orientierung sind die Nutzungstarife, welche von der VG Bild-Kunst für von ihr vertretene Werke erhoben werden (Adresse siehe ANHANG – 5.3/5.4).

Auch hier gilt natürlich, dass in den neuen Medien – wie auch in allen herkömmlichen Bereichen – eine Autorennennung im Zusammenhang mit dem Werk selbstverständlich sein sollte!

Ein solcherart korrekt kalkuliertes Pricing ist allerdings derzeit eher im Bereich von CD-Roms, Game-Design und sonstiger neuer Medien anerkannt – Im Internet herrscht, was Illustrationsleistungen angeht, meist heftiges Preisdumping vor.

Aus verständlichen Gründen kann dieser Ratgeber – ebensowenig wie auf allgemeine Grafikleistungen – nicht auf den Gesamtkomplex des WEB-DESIGNS eingehen. Es sei jedoch auf einige Tipps in der Link-Liste im ANHANG – 5.2 verwiesen.

DAMIT KOMMEN WIR AUCH SCHON ZU EINIGEN WICHTIGEN SCHLUSSBEMERKUNGEN

- Wer aus den im vorletzten (dem Werbe-) Bereich z.T. deutlich höher liegenden Honoraren den Schluss zieht, hier werde Beutelschneiderei betrieben, dem sei entgegengehalten, dass dies viel eher in allen vorher genannten Bereichen zutrifft. Da grenzt die künstlerische Arbeit leider immer noch meist an Selbstausbeutung. Oft werden eben nicht mal *„die paar Striche“* bezahlt.

  Dass bei manchem Werbeauftrag dann tatsächlich auch mal etwas mehr drin ist als das Minimalhonorar, ist nur folgerichtig und entspricht dem Resultat, welches gerade mit „diesen paar Strichen“ erreicht werden kann – was sie also wirklich „wert sind”!

  Daraus ergibt sich natürlich auch der Schluss, dass nicht jeder Neuling oder „No-Name“ sich gleich an den hier aufgeführten Obergrenzen orientieren kann, das Wort „Obergrenze“ allerdings auch wieder nur sehr relativ zu sehen ist (mit einem guten „Namen“ und beim entsprechenden Kunden ist nach oben fast alles möglich).

  Es wäre jedoch wünschenswert, dass auch Newcomer **sich bei der Berechnung ihrer Leistungen nicht unter die angegebenen Mindestwerte begeben.**

- **Generell sollten Kunden – abgesehen von der Nutzungsrechts-Vergütung – an getrennte Abrechnung von Entwurfs-, Reinzeichnungs- und darüber hinaus gehender Zusatzaufwände gewöhnt werden.**

  D.h. zusätzlich zum Preis der eigentlichen Reinzeichnung werden die zur Meinungsbildung des Kunden (oder gar vor endgültiger Auftragserteilung – z.B. im sogenannten „pitch” mit anderen Anbietern) anfallenden Entwurfsarbeiten abgerechnet.

  Auch zusätzliche Handling- und/oder Versandkosten (Kopien, Andrucke, Datentransfer, Telekommunikation, Fahrten etc.) sollten stets separat abgerechnet werden.

  Bei – aus entsprechendem Zeitdruck von Kundenseite – vereinbarter Wochenend-, Feiertags- oder Nachtarbeit sollte ebenfalls ein entsprechender Zuschlag berechnet werden.

  All diese Berechnungs-Konditionen sollten dem Kunden fairerweise stets von vornherein im Rahmen des Angebots offen gelegt werden!

- Der Wert kreativer Arbeit lässt sich in den meisten Fällen nicht schlüssig über den reinen Zeitaufwand kalkulieren. **Trotzdem sollten kreative Bildautoren bei ihren Berechnungen stets von einem Mindeststundensatz zwischen 30,– und 60,– € (Tagessatz zw. 240,– und 480,– €) ausgehen** (siehe hierzu auch Kapitel 4.3 – BETRIEBSKOSTENRECHNUNG).

- Dass es immer wieder Anlässe und Partner geben wird, für die man auch mal günstiger oder gar umsonst arbeitet, wurde bereits merfach angesprochen. Dieser Ratgeber möchte daher auch keinesfalls all den Fanzines, Initiativen, Kultur- und Spaß-Projekten in den Rücken fallen, welche weiterhin auf großzügige Unterstützung von kreativer Seite angewiesen sind. Wie weit dabei zu gehen ist, muss jeder Kreative für sich selbst entscheiden.

- Da computergestütztes Arbeiten mittlerweile oft auch im alltäglichen Schaffensprozess des Illustrators und/oder Comic/Cartoon-Artists Einzug gehalten hat, drängt sich die Frage auf, ob vorgenannte Werte sich auf Computergeneriertes oder handgemachtes Artwork beziehen.

  Dazu ist zu sagen, dass die Art der jeweiligen Erstellung als Bewertungskriterium eindeutig hinter die Kriterien Qualität, Zeitaufwand, Nutzungsart und -Umfang zurücktritt.

  Folgende Aspekte allerdings sind beim Einsatz digitaler Zeicheninstrumente unbedingt zu beachten:
  1. digitale Bearbeitung (oder Gesamterstellung) setzt das Vorhandensein eines entsprechenden Equipments voraus. Die notwendige Amortisierung dieser Ausrüstung muss der Künstler in seine Betriebskostenrechnung und somit in seinen Basis-Stundensatz (siehe Kapitel 4.3 – BETRIEBSKOSTENRECHNUNG) mit einfließen lassen. Digital-Artwork kann also nur dann billiger als handbearbeitetes ausfallen, wenn die Technik die Erstellung in deutlich kürzeren Zeiträumen möglich macht.
  2. ist bei der Bewertung digital erstellter Reinzeichnungen auch zu beachten, dass sie dem Kunden im Allgemeinen in der Weiterverarbeitung bisher übliche Kosten wie Repro, Litho u. ä. ersparen.
- Bei Tätigkeiten für vornehmlich werbliche und verlagsunabhängige Kunden sei jedem Kreativen empfohlen, auch die aktuellen Honorarempfehlungslisten der Grafikerverbände (AGD und BDG) einzusehen (Bezugsadressen siehe ANHANG – 5.2), aus denen das folgende Kapitel einige kommentierte Auszüge präsentiert. Hier finden sich Berechnungsbeispiele für die verschiedensten Einsatzbereiche illustrativer/entwerferischer Arbeit. Deren Ergebnisse liegen oft weit über den im vorangegangenen Kapitel erläuterten Erfahrungen professionell arbeitender Kreativer und erscheinen teilweise tatsächlich etwas überzogen. Als Eckwerte zur besseren Einschätzung der Gesamt-Situation sind sie jedoch durchaus von Nutzen.

WIE'S DIE ANDEREN MACHEN

1.2 BEISPIELE – BASIEREND AUF DEN AKTUELLEN HONORAREMPFEHLUNGSLISTEN DER DESIGNERVERBÄNDE

Wie auch im vorangegangenen Kapitel, verstehen sich alle im Folgenden aufgeführten Preise als Netto-Preise. Der gesetzlich vorgeschriebene Mehrwertsteuersatz muss also, wie auch sonstige gesetzliche Abgaben, am Ende bei der Beurteilung der Preise mit eingerechnet werden (dazu mehr im Kapitel 4 – WAS SONST NOCH ZU SAGEN BLEIBT).

Vorab ist zu den Listen der Designerverbände zu sagen, dass die dortigen Berechnungen nahezu ausschließlich auf der Basis branchenüblicher Stunden- bzw. Tagessätze aufbauen. Jeder Grafik-Designer, Druckvorlagenhersteller, Art-Director oder sonstige Spezialist aus dem grafisch-gestalterischen Gewerbe geht – ebenso wie die meisten anderen Handwerks- und Service-Berufe – nach dieser Berechnungsgrundlage vor. Comic-Kreative und Illustratoren sollten sich davon nicht von vornherein ausnehmen.

Im vorangehenden Kapitel haben wir festgestellt, dass eine Berechnung ausschließlich nach Stundenaufwand bei kreativer Arbeit nicht immer Sinn machen kann. Trotzdem ist es für die individuelle Preisfindung stets ratsam, sich über seinen ganz persönlichen Stundensatz klar zu sein (der nun aber nicht unbedingt genau dem hier genannten Standardsatz der Designerverbände entsprechen muss).

COMIC/CARTOON

Konkrete Aussagen zu Comics sind in besagten Listen nur schwer zu finden, geschweige denn eine weitergehende Aufschlüsselung in Strips, ganze Seiten, s/w oder Farbe und so weiter.

Bei der AGD (Allianz Deutscher Designer) wird für **Comic/Cartoon** (keine weiteren Ausführungen bezüglich Form, Aufwand etc.) ein Zeitaufwand von 5 Stunden zu einem Mindest-Stundensatz von **60,– €** angenommen (der allerdings einen Designer guter Qualifikation und Erfahrung voraussetzt, von Branchen-Neulingen also evtl. etwas nach unten korrigiert werden müsste). Das ergibt einen Basiswert von **300,– €** (für Erstellung von Entwurf und Reinzeichnung – in etwa dieser Höhe sollte sich auch die Abschlagszahlung bei Nichtinanspruchnahme der Nutzungsrechte bewegen). Dieser Basiswert wird dann, je nach Nutzungsart und Marktposition des Kunden bzw. dem potentiellen Nutzungsumfang, mit einem der Situation angemessenen Faktor multipliziert. Von der AGD ist eine Staffelung in vier Nutzungs-Stufen vorgeschlagen, deren Multiplikationsfaktoren zwischen 1,5 und 3,5 liegen. Das End- oder Regelhonorar für besagten, nicht näher spezifizierten, in 5 Stunden erstellten Comic/Cartoon inklusive der Nutzungsrechte betrüge hier also, je nach Nutzungs-Umfang, zwischen **450,–** und **1.050,– €**.

Nach diesem Berechnungsprinzip (Stundenaufwand mal Nutzungs-Multiplikator) sind alle von der AGD gegebenen Empfehlungen (mit Ausnahme einzelner Posten – wie z.B. Karikatur) erstellt.

Nachdem man früher für Karikatur einen Circa-Zeitaufwand von 4,5 Stunden veranschlagte, ist man hier mittlerweile zu praxisnäheren, zeitaufwandsunabhängigen Pauschalwerten übergangen. Der Stückpreis für **Karikaturen/Cartoons** bewegt sich nun je nach Nutzung zwischen **100,–** und **750,– €**.

Beim BDG wird in der Berechnung des Regelhonorars etwas anders vorgegangen – wobei unterm Strich doch dieselben Faktoren ins Endergebnis mit einfließen. Es gibt hier nicht einen Standard-Stundensatz – dieser wird vielmehr als Summe der drei Faktoren „Marktwert des Entwerfers/Designers", „wirtschaftliche Bedeutung des Kunden" und „Art der Leistung" (es wird von unterschiedlich teuren Designleistungen ausgegangen) ermittelt. Danach wird – vergleichbar zur AGD – nach Stundenaufwand und Art/Umfang der Nutzung berechnet.

In den Listen des BDG findet sich für Comic ein **nutzungsabhängiger Stundensatz** zw. **60,–** und **100,– €**, bei einem **Abschlagshonorar** (falls keine Nutzung erfolgt) von **40,– €**.

STORYBOARDS

Hier gehen beide Verbände von derselben Vorgehensweise – 4 Szenen bzw. Einzelbilder pro Seite – aus. Nach dem im letzten Kapitel abgegebenen Richtwert ergäbe dies **200,– €** pro Seite. Die Grafiker-Verbände jedoch gehen beide von einem Aufwand von einer Stunde pro Bild aus und kommen so (je nach veranschlagtem Stundenlohn und jeweiliger Nutzung) auf Beträge zwischen **200,–** und **700,– €** pro Seite, wobei auffällt, dass sich hier durchaus große Unterschiede in der Berechnung zwischen beiden Verbänden ergeben. Diese Werte mögen in einzelnen Werbe-Spot-Produktionen möglich sein, im Animations- und sonstigen Filmgewerbe sind allerdings deutlich niedrigere Vergütungen üblich.

BUCH-/PRESSE-ILLUSTRATION

Der BDG unterscheidet sich hierbei von der AGD, indem sich seine Berechnung aus Entwurfsarbeit einerseits und Originalausführung andererseits zusammensetzt. Dabei wird pro Zeichnung von einem Entwurfsaufwand zwischen 2,5 und 4 Stunden ausgegangen. Dazu kommt dann noch die Originalausführung (oder Reinzeichnung), deren Zeitaufwand je nach Stil und Technik stark differieren kann. Für beide Arbeitsgänge werden (nutzungsabhängige) Stundensätze zwischen **60,– €** (kleinere Lokalzeitung) und **85,– €** (große Publikumszeitschrift) zugrunde gelegt. Für Buchillustrationen gilt ein Mittelwert von etwa **70,– €**.

Die AGD geht auch hier mittlerweile von Pauschalpreisen pro Einzelillustration aus, wobei sich hier die Empfehlungen, je nach Nutzung und Aufwand, zwischen **150,–** und **900,– €** oder darüber bewegen.

WERBEILLUSTRATION

Hier gehen beide Grafiker-Verbände von einem etwas höheren Entwurfsaufwand aus (bei gleichen Stundensätzen wie oben): Der BDG veranschlagt zwischen 4 und 6 Stunden für den Entwurf und lässt wiederum den Reinzeichnungsaufwand offen, die AGD veranschlagt 6 Stunden Gesamtaufwand bei einem **Stundensatz** von mindestens **60.– €**.

GRUSS-/GLÜCKWUNSCHKARTEN

Hier liegen die Listen der Verbände wieder einigermaßen gleichauf, wobei die AGD nach oben etwas weiter geht. Der BDG rechnet mit einem Zeitaufwand von 6 Stunden, die AGD mit 5,5. Je nach Nutzung ergibt das Preise zwischen **350,–** und **1.000,– €**.

Hier, wie übrigens auch schon bei den Buchillustrationen, ergibt sich selbstverständlich bei einer weiteren Auflage auch das Anrecht auf weitere Honorierung (bis zu einem Drittel des Honorars für die Erstauflage kann dafür ausgehandelt werden).

WERBEFIGUR (ZWEIDIMENSIONAL)

Wie nun schon gewohnt, liegt auch hier die AGD mit ihrer Empfehlung leicht über dem BDG. Der BDG geht von 20 Stunden Arbeit aus, bei einem nutzungsabhängigen Satz zwischen **70,–** und **120,– €** (dies ergibt Beträge zwischen 1.400,– und 2.400,– €).

Die AGD geht von 24 Stunden aus, was auf Preise zwischen **1.600,–** und **4.000,– €** hinausläuft Für dreidimensionale Entwürfe sind nochmals ca. 10 Stunden dazuzurechnen.

Des Weiteren gibt es in den Listen natürlich noch alle möglichen Punkte, die auch für Comic- und Cartoon-Künstler mal anfallen (Umschlagentwurf, Plakat, Kalender, Spielgestaltung), diese sind aber neben der rein illustrativen Arbeit noch mit weiteren grafischen und layouterischen Arbeitsgängen verbunden (sind teilweise – je nach Herangehensweise – auch komplett grafisch lösbar), sodass es schwierig ist, das Honorar für die reine Zeichenarbeit aus den Rechenbeispielen zu extrahieren. Man kann sich für diese Arbeiten aber meist auch an die in den obigen Beispielen angegebenen Stundensätze für Entwurfsarbeiten halten.

FAZIT

Grundsätzlich orientieren sich alle Berechnungsbeispiele der beiden Verbände an den gleichen vier Faktoren, und so lässt sich auch deren Verfahrensweise – der Einfachheit halber – im Prinzip auf folgenden gemeinsamen Nenner bringen:

- **Erster Faktor** ist immer die **aufgewendete Zeit**: mit der Menge benötigter Stunden wird der Stundensatz (welcher sich aus den anderen drei Faktoren ergibt) multipliziert.
- **Faktor Zwei** ist der **Wert des Künstlers/Designers**: hier muss die eigene Qualität, der persönliche „Marktwert" eingeschätzt werden und die oben genannten Stundensätze folglich je nach Gegebenheiten auf- bzw. abgerundet werden.
- **Faktor Drei** ist der **Kunde**, seine Marktposition, sein wirtschaftlicher Background und die Höhe des Projektetats.
- **Faktor Vier** schließlich ist die **Art der Auswertung/Nutzung** der geleisteten Arbeit (einfach, mehrfach, multimedial, regional, international...).

Die letzten beiden Faktoren zusammengenommen ergeben das, was oben unter dem Adjektiv **nutzungsabhängig** zusammengefasst wurde.

(Da sämtliche Angaben nur als Richtwerte zu verstehen sind und das Ganze sowieso nur grobe Anhaltspunkte bieten kann, wurden o.g. Beträge ggf. auf entsprechende Mittelwerte gerundet.)

TEIL 2
TABELLARISCHE ÜBERSICHT UND BERECHNUNGS-BEISPIELE

ERFAHRUNGSWERTE AUS DEM COMIC/CARTOON-MARKT

Alle Preise beziehen sich, so nicht anders angegeben, auf einmalige, vertraglich entsprechend fixierte Nutzung, wobei das Original-Artwork üblicherweise im Besitz des Künstlers/Autors verbleibt*. Bei entsprechender Auftragshöhe sowie bei Mehrfachverwertungen bestimmter Teile des Werks ist der Preis im Sinne einer Rabatt-Vereinbarung evtl. maßvoll nach unten korrigierbar. Alle Werte in EURO (€).

Zum besseren Verständnis sämtlicher hier aufgeführter Preise siehe bitte die entsprechenden Ausführungen in Teil 1 dieses Ratgebers.

Comic/Cartoon		
Strip (s/w): je Streifen	Erstellung im Auftrag	Copyright f. bestehendes Material
kleine/mittl. Ztg. (Tagesztg. reg.)	100,–	55,–
Ztg./Zeitschrift (überregional)	130,– bis 180,–	80,–
Massenblätter	180,– bis 300,–	150,–
	Farbaufschlag zw. 25 u. 40 % des s/w-Preises	
Comic-Seiten	Erstellung im Auftrag	Copyright f. bestehendes Material
Comic-Magazin	55,– bis 100,–	55,– bis 100,–
Stadtmag./Tagesztg.	150,– bis 275,–	75,– bis 150,–
Massenblatt	250,– bis 600,–	150,– bis 250,–
Werbezwecke	300,– bis 1.000,–	150,– bis 500,–
Mitgl.-/Mitarb.-Ztg.	200,– bis 500,–	150,– bis 250,–
Schul-/Fachbücher	200,– bis 300,–	100,– bis 150,–
Kiosk-Comics *	275,– bis 450,–	150,– bis 250,–
Buch-/Albenveröffent.		
Comic-/Cartoonseiten	55,– bis 150,–	50,– bis 75,–
Bei Komplettbearbeitung des Buch-/Albeninhalts	5–10 % (in Ausnahmefällen darüber) v. Ladenpreis Garantievorschuss zwischen 2.500,– u. 3.000,– (Farbalben)	
Sonstige Arbeiten		
Lettering	pro Comic-Seite	15,– (+/- 5,–)
Übersetzung	pro Comic-Seite	20,– (+/- 10,–)
Comic-Manuskript	pro Comic-Seite	30,– bis 70,–
Colouring	pro Comic-Seite	45,– bis 120,–

ERFAHRUNGSWERTE AUS DEM COMIC/CARTOON-MARKT

Illustrationen	Generell äußerst variabel – nutzungs- und aufwandsabhängig!	
Zeitung/Zeitschrift • Vignetten • Einzel-Illu	Erstellung im Auftrag ab 100,– ab 100,– (kleinerer Aufwand, s/w) bis 600,– (aufwendiger, Farbe ...) bei besonderem Aufwand (z.B. Titelillu) auch darüber	Copyright f. bestehendes Material 50,– 300,–
Buchillustration	55,– bis 500,– oder mehr	50,– bis 150,–
LP/CD-Cover, Poster	250,– bis 500,– oder mehr	150,– bis 250,–
T-Shirt, Postkarte	250,– bis 400,– z.T. auch Prozent-Beteiligung üblich (ca. 5 %)	75,– bis 200,–
Illustration z. Werbezwecken • Einzel-Illu	ab 100,– (kleiner Aufwand) bis 1.000,– od. mehr (aufwändig)	100,– 300,– bis 1.000,–
• Logo/Piktogramm	200,– bis 400,–	
• Signetfig./Maskottchen	550,– bis 2.500,–	
• Layoutskizze	400,– bis 1.100,–	
Film/Animation (pre-production)		
Storyboard	pro Bild 20,– bis 50.-	
Layoutzeichnung	pro Seite 250,– bis 500,–	

Herkömmliche Animation, Flash-Animation, Internet und Neue Medien – gesonderte Listen für diese Bereiche werden derzeit vom **ICOM** recherchiert und baldmöglichst über die Web-Site des Verbandes zur Verfügung gestellt.

* Original-Erwerb: Sollte der Erwerb von Originalen erwünscht sein, so sind 40–100% der Entwurfsvergütung üblich. Der Besitz der Originale berechtigt jedoch nicht zur weiteren, unvergüteten Vervielfältigung. Eine Ausnahme von dieser Üblichkeit bildet der Markt der Lizenzcomicnutzung. Siehe hierzu auch ausführliche Kommentare unter 1.1.

Bei reiner Artworkerstellung zu „fremden" Lizenzthemen (also Themen, deren Urheberschaft meist beim Auftraggeber oder dem mit dem Auftraggeber kooperierenden Lizenzgeber liegen) ist der schöpferische Anteil des serviceleistenden Kreativen nur schwer zu klären. Gängige Praxis ist leider die – unentgeltliche – Übernahme der erstellten Originale in den Fundus des Auftraggebers oder gar des Lizenzgebers. Kampflos sollte diese Üblichkeit bei Antritt eines neuen Jobs allerdings nicht hingenommen werden. Hier müssen wir auf Kundenseite Bewusstsein schaffen!

ERFAHRUNGSWERTE UND BERECHNUNGSBEISPIELE AUS DEM BEREICH WERBLICHER BZW. VERLAGSUNABHÄNGIGER AUSWERTUNG

Diese Liste enthält auf Mittel- bzw. Eckwerte gerundete Circa-Preis-Angaben, welche als Schnittwerte aus den Listen der führenden Designer-Verbände ermittelt wurden. Sie sollten in erster Linie als kontrastierende Vergleichswerte zu den Preisen aus Liste 1 verstanden werden. Die teilweise immensen Spannen zwischen Minimal- und Maximal-Wert ergeben sich je nach Zeitaufwand, Nutzungsart, Marktposition des Kunden etc. (siehe hierzu die Erläuterungen in 1.2). Jedem Kreativen, welcher über die Kreation von Comics und Cartoons hinaus auch als Grafiker, Designer oder sonst entwerferisch tätig ist, sei dringend die ausführliche Lektüre der aktuellen, von den Designerverbänden herausgegebenen Empfehlungslisten nahegelegt (Bezugsadressen siehe ANHANG). Alle Werte in EURO und – soweit nicht anders angegeben – pro Motiv.

Karikatur/Cartoon	je nach Aufwand und Nutzung 100,– 500,– 1.000,–
Comic-Seite	je nach Aufwand und Nutzung 250,– 650,– 1.500,–
Buch/Presse-Illu	150,– 900,– 1.500,–
Grußkarte/Kalender	350,– bis 1.250,–
Werbe-Illustration	250,– bis 1.250,–
Label/Logo	800,– bis 1.800,–
Werbe-/Signetfigur	1.000,– bis 4.000,–
Piktogramm	400,– bis 2.500,–
Layoutzeichnung	500,– bis 1.600,–
Storyboard	80,– bis 175,– (pro Bild) 300,– bis 700,– (pro Seite/4 Bilder)
Mode-Illustration	360,– bis 2.200,–
Illustration f. Wissenschaft, Technik, Architektur	100,– 200,– 500,–
Stundensatz/ Tagessatz:	Je nach individueller Eignung und Erfahrung 30,– bis 60,– € sowie dem kreativen Anspruch der Leistung 240,– / 480,– €

TEIL 3
WEGE DURCH DEN VERTRAGSDSCHUNGEL

VORBEMERKUNG

Grundsätzlich können die Möglichkeiten zur Nutzung der Werke von Bildautoren in zwei Sparten unterteilt werden: die Nutzung und Verbreitung des Werkes durch Verlage einerseits sowie die Nutzung durch sonstige Kunden (z. B. Werbeagenturen, Institutionen, Privatleute etc.) zu gewerblichen, gemeinnützigen oder privaten Zwecken. Vor allem im zweiten Falle handelt es sich in aller Regel um die Erstellung von Auftragsarbeiten, wohingegen Verlage sich oft auch um die Verbreitung eines vom Autor auf eigene Initiative erstellten Werkes bemühen.

Um sowohl diesen unterschiedlichen Formen der Nutzung als auch den im jeweiligen Markt vorherrschenden Üblichkeiten gerecht zu werden, sind im Folgenden zwei unterschiedliche Vertragstexte (mit kurzen Erläuterungen) abgedruckt. Im Grundsatz folgen beide Textentwürfe jedoch dem selben Ziel: der Wahrung der Eigentums- und Persönlichkeitsrechte sowie der wirtschaftlichen Interessen des Urhebers.

Darüber hinaus wird an den **ICOM** immer wieder die Frage gestellt, wie im Falle einer im Comic-Bereich üblichen Kooperation zwischen Zeichner und Texter (oder einem noch größeren Team) verfahren werden kann, um Rechts-, Honorar-, Eigentums- und Urheberrechts-Streitigkeiten zu vermeiden.

Hierzu muss gesagt werden, dass selbst der narrensicherste Vertrag nicht vor Streitigkeiten schützt – er kann lediglich Richtlinien aufstellen, nach denen im Streitfall zu handeln ist. Wir haben uns daher bemüht, auch hier eine Beispielformulierung zur Verfügung zu stellen.

Sicherlich ist es im Interesse einer fairen Zusammenarbeit stets wünschenswert, bereits von Beginn an über die gegenseitigen Wünsche, Vorstellungen und Ansprüche Klarheit zu erlangen. Im Kreise kooperierender Kollegen könnte dafür jedoch unter Umständen auch von Fall zu Fall die Niederschrift einer knappen, formlosen Vereinbarung genügen.

Die von uns erarbeiteten Beispiel-Normverträge sind als Vorschlag (quasi als Checkliste der nötigsten Punkte) zu verstehen und basieren auf Vertragswerken, die vom Börsenverein des deutschen Buchhandels, von der IG Medien (ver.di**) sowie von verschiedenen Berufsverbänden empfohlen werden**.

Selbstredend wird kaum ein Vertrag in seiner Wortwahl und Reihenfolge exakt der von uns vorgegebenen Form entsprechen, und es gibt sicherlich auch zahlreiche Fälle, in denen die jeweilige Vereinbarung etwas „schlanker" formuliert werden kann. Die Vertragstexte in diesem Kapitel entstanden in dem Bemühen, sämtliche eventuell für den Comic-Schaffenden relevanten Punkte abzudecken. Wegen der Vielzahl von Möglichkeiten, die einer vertraglichen Vereinbarung zugänglich sind, und der Vielzahl von erdenklichen Einzelfällen besteht kein Anspruch auf Vollständigkeit.

Es ist also auf alle Fälle ratsam, diese Normtexte im konkreten Fall zum Vergleich heranzuziehen und zu prüfen, ob sich die darin enthaltenen Forderungen und Absicherungen zumindest sinngemäß auch im jeweils vorliegenden Vertrag wiederfinden.

Im Übrigen sollte ein Vertrag, insbesondere bei besonderer wirtschaftlicher Bedeutung für den Comic-Schaffenden, bei Zweifeln oder bei Verständnisfragen hinsichtlich einer Formulierung oder deren Auswirkungen erst dann geschlossen werden, wenn der Inhalt von fachlich kompetenter Seite geprüft worden ist.

3.1 BEISPIELNORMVERTRAG FÜR DEN ABSCHLUSS VON VERLAGSVERTRÄGEN

VERLAGSVERTRAG

zwischen:

____

im folgenden AUTOR genannt
(oder dessen Rechtsnachfolger)
einerseits

und

____

im folgenden VERLAG genannt
(oder dessen Rechtsnachfolger)
andererseits

1 VERTRAGSGEGENSTAND

a) Gegenstand dieses Vertrags ist das vorliegende/noch zu verfassende Werk des Autors mit dem Titel/Arbeitstitel ...

(Hier empfiehlt sich auch noch eine Angabe bezüglich des ungefähren Umfangs des Werkes, um etwa entstehenden Nachbesserungs- bzw. Erweiterungsforderungen begegnen zu können.)

b) Der endgültige Titel wird in Abstimmung zwischen Autor und Verlag festgelegt, wobei der Autor dem Stichentscheid des Verlages zu widersprechen berechtigt ist, sofern sein Persönlichkeitsrecht verletzt würde.

c) Der Autor versichert, dass er allein berechtigt ist, über das Urheberrecht an seinem Werk zu verfügen und dass er bisher keine den Rechtseinräumungen dieses Vertrages entgegenstehende Verfügungen getroffen hat. Dies gilt auch für die vom Autor gelieferten Bildvorlagen.

Bietet der Autor dem Verlag Bildvorlagen an, für die dies nicht zutrifft oder nicht eindeutig geklärt ist, so hat er den Verlag darüber und über sämtliche ihm bekannten oder erkennbaren rechtlich relevanten Fakten zu informieren.

d) Der Autor ist verpflichtet, den Verlag schriftlich auf im Werk enthaltene Darstellungen von Personen und Ereignissen hinzuweisen, mit deren Veröffentlichung das Risiko einer Persönlichkeitsverletzung verbunden ist.

2 RECHTSEINRÄUMUNG

a) Der Autor ist alleiniger Inhaber sämtlicher Rechte an dem Werk. Er räumt dem Verlag für die Dauer des gesetzlichen Urheberrechtsschutzes das räumlich und inhaltlich unbeschränkte ausschließliche Recht zur Vervielfältigung und Verbreitung in ... . ein.

(Hier ist zu vereinbaren und im Einzelnen aufzuzählen, für welche Nutzung die Rechte eingeräumt werden. In Betracht kommen sämtliche erdenklichen Nutzungsarten, wie Buchform, Zeitschriftenform, monatlich erscheinend, zweiwöchentlich erscheinend, Heftform, gebunden oder ungebunden, Grafiken oder andere Druckerzeugnisse, u.s.w. Es können einzelne oder eine Vielzahl von verschiede-

nen Arten aufgeführt werden. Der Umfang der einzelnen Rechte ist Verhandlungssache und sollte im Interesse des Autors oder des Werkschaffenden natürlich so gering wie möglich gehalten werden. Ferner kann hier eine Regelung gefunden werden, die sich auf die Sprache, für die die Rechtseinräumung erfolgt, wie auch auf die Anzahl der Ausgaben und Auflagen erstreckt. Der Text könnte dann beispielsweise lauten: Der Autor überträgt dem Verlag räumlich unbeschränkt für die Dauer des gesetzlichen Urheberrechts das Recht zur Vervielfältigung und Verbreitung des Werkes in der vereinbarten Ausgabe/Umfang/Region etc ... Über die Einräumung weiterer Rechte muss gesondert verhandelt werden. Üblich ist jedoch die Regelung „für alle Auflagen und Ausgaben".)

b) Zum Zweck einer bestmöglichen Verwertung des Werkes in möglichst vielen Nutzungsarten räumt der Autor dem Verlag darüber hinaus alle weiteren Nutzungsrechte an dem Werk für alle bekannten Nutzungsarten ein *(an dieser Stelle können weitere Nutzungsarten vereinbart werden. Je nach Art des Werkes, das überhaupt geschützt ist, kommen verschiedene Möglichkeiten in Betracht. Meist lassen sich die Verlage diese Rechte nur vorsorglich einräumen, zumal für die Nutzung zumeist eine Lizenz an einen weiteren Verwerter zu erteilen ist),* insbesondere die ausschließlichen, räumlich, inhaltlich und zeitlich unbeschränkten Nutzungsrechte, sonstigen Rechte und Ansprüche ... *(es folgen Beispiele)*

I ... zum ganzen oder teilweisen Vorabdruck oder Nachdruck des Werkes oder der nach ihm hergestellten Fassungen in eigenen oder fremden Zeitungen oder Zeitschriften, Anthologien, Sammlungen und sonstigen periodischen oder nichtperiodischen Druckschriften, auch als Fortsetzungsabdruck, für Werbezwecke auch dann, wenn hierfür Abdrucksvergütungen nicht erzielt werden;

II ... zur Vervielfältigung und Verbreitung des Werkes oder nach ihm hergestellten Fassungen im besonderen Verfahren, wie fotomechanischer Nachdrucke, Fotokopien, Mikrokopien, Blindenschrift und ähnlichen Techniken;

III ... das Recht zur Übersetzung in andere Sprachen oder Mundarten sowie das Recht zur Vergabe von Lizenzen für fremdsprachige Ausgaben ins In- und Ausland sowie für Taschenbuch-, Sonder-, Reprint- oder Buchgemeinschaftsausgaben, etc ...;

IV ... das Recht zur Herausgabe von Mikrokopie-Ausgaben;

V ... das Recht zur Aufnahme auf Vorrichtungen zur wiederholbaren Wiedergabe mittels Bild- oder Tonträger, sowie das Recht zu deren Vervielfältigung, Verbreitung und Wiedergabe;

VI ... das Recht zum Vortrag des Werkes durch Dritte;

VII ... die am Werk oder seiner Bild- oder Tonträgerfixierung oder durch Lautsprecherübertragung oder Sendung entstehenden Wiedergabe- und Überspielungsrechte;

VIII ... das Recht zur Vergabe von Lizenzen zur Ausübung der Nebenrechte I–VII;

IX ... das Recht zur Bearbeitung als Bühnenstück sowie das Recht der Aufführung des so bearbeiteten Werkes;

X ... das Recht zur Verfilmung einschließlich der Rechte zur Bearbeitung als Drehbuch und zur Vorführung des so hergestellten Films;

XI ... das Recht zur Bearbeitung und Verwertung des Werkes im Fernsehfunk einschließlich Wiedergaberecht;

XII ... das Recht zur Bearbeitung und Verwertung des Werkes im Rundfunk, z.B. als Hörspiel, einschließlich Wiedergaberecht;

XIII ... das Recht zur Vertonung des Werkes;

XIV ... das Recht zur Vergabe von Lizenzen.

(Ferner können umfassend sämtliche weiteren neuen Informationstechnologien aufgeführt werden. Es sollte hiermit jedoch einschränkend umgegangen werden, da der Autor sämtliche Rechte aus der Hand gibt und nicht weiß, ob der Verlag tatsächlich zur opti-

malen Verbreitung des Werkes außerhalb seines eigenen Tätigkeitsfeldes in der Lage ist. Dies gilt insbesondere für die Nutzung von Medien, die nicht im unmittelbaren Zusammenhang mit Drucktechniken stehen. Letztlich kommt es darauf an, wie die entsprechende Vergütungsvereinbarung getroffen werden kann. Dies ist jedoch in jedem Einzelfall zu prüfen und hierzu sollte gegebenenfalls fachlicher Rat eingeholt werden.)

c) Der Autor räumt dem Verlag schließlich für die Dauer der Nutzungsrechte gemäß Ziff. 2 a) alle durch die Verwertungsgesellschaften WORT und BILD wahrgenommenen Rechte nach deren Satzung, Wahrnehmungsvertrag und Verteilungsplan zur gemeinsamen Einbringung ein. Bereits abgeschlossene Wahrnehmungsverträge bleiben davon unberührt.

d) Für die Rechtseinräumung der Absätze 2 b) und c) gelten folgende Beschränkungen:

I Der Verlag darf das ihm eingeräumte Vergaberecht nur mit Zustimmung des Autors ausüben.

II Vergaberechte enden mit den in Ziff. 2 a) eingeräumten Rechten.

3 VERLAGSPFLICHT

a) Der Verlag übernimmt die Herstellung und Verbreitung des Werks auf eigene Kosten und in verlagsüblicher Weise. Den Herstellungsbeginn, die Höhe der jeweiligen Auflage sowie deren Erscheinungstermin, der für den ...... vorgesehen ist, bestimmt der Verlag, ferner die Ausstattung des Werkes, den jeweiligen Ladenpreis, Art und Umfang der zweckmäßigen Werbemaßnahmen sowie die Vertriebswege.

Der Verlag ist verpflichtet, das Werk zu vervielfältigen, zu verbreiten und dafür angemessen zu werben.

b) Ausstattung, Auflagenhöhe, Auslieferungstermin, Ladenpreis und Werbemaßnahmen werden vom Verlag nach pflichtgemäßem Ermessen unter Berücksichtigung des Vertragszwecks sowie branchenüblicher Gepflogenheiten bestimmt.

Das Recht des Verlags zur Bestimmung des Ladenpreises nach pflichtgemäßem Ermessen schließt auch dessen spätere Herauf- oder Herabsetzung ein. Bei Herabsetzung des Ladenpreises muss der Autor vorher informiert werden.

c) Als Erscheinungstermin ist ...... vorgesehen.

d) Das Werk soll zunächst als ......-Ausgabe *(z. B. Paperback, Taschenbuch, Hardcover ...)* erscheinen. Nachträgliche Änderungen der Form der Erstausgabe bedürfen des Einvernehmens mit dem Autor.

4 HONORAR/VERGÜTUNG

a) Der Autor erhält für die Einräumung der Nutzungsrechte gem. Ziff. 2 a) für jedes verkaufte Exemplar *(hier sollte geregelt werden, für welche Nutzungsart das Honorar gilt. Es richtet sich selbstverständlich nach dem Umfang der eingeräumten Nutzungsrechte.)* ...... % des Ladenpreises ausschließlich der gesetzlichen Mehrwertsteuer.

Das Honorar erhöht sich ab dem ...... verkauften Exemplar auf ...... % vom Preis, ab dem ...... verkauften Exemplar auf ...... % vom Preis.

(Ob und inwieweit die vorgenannte Staffel vereinbart wird, hängt im Wesentlichen von der Art des Werkes und des Mediums, auf dem die Veröffentlichung/Verbreitung erfolgt, ab. Die Honorarfrage ist in jedem Fall im Einzelnen zu prüfen.)

b) Der Autor erhält ferner für die Einräumung der weiteren Nutzungsrechte gem. Ziff. 2 b) von den aus der Verwertung erzielten Nettoumsätzen ...... %.

(Hier kommt es im Wesentlichen auf die Verhandlung mit den Verlagen an, die naturgemäß nur eine geringfügige Beteiligung wol-

len. Zu berücksichtigen ist, dass häufig mit diesen Nutzungsarten mehr Geld verdient wird als mit dem Hauptzweck. Wie oben bereits gesagt, ist im Einzelfall zu prüfen, welche Nutzungsarten eingeräumt werden und welche Beteiligung am wirtschaftlichen Erfolg angemessen erscheint.)

c) Frei-, Pflicht-, Beleg-, Archiv-, Rezensions- und Werbeexemplare, deren Anzahl der Verlag für jede Auflage nach pflichtgemäßem Ermessen festsetzt, sind nicht zum Verkauf bestimmt und weder abrechnungs- noch honorierungspflichtig. Nicht hierzu zählen Party- und Portoersatzexemplare sowie solche, die zur Werbung für den Verlag, nicht jedoch des Werkes abgegeben werden.

d) Auf die zu erwartenden Honoraransprüche des Autors zahlt der Verlag einen Vorschuss in Höhe von insgesamt ...... €€ Hiervon sind ...... % unmittelbar nach Abschluss des Vertrages und ...... % bei Ablieferung des druckfertigen Werkes sowie ...... % bei Ersterscheinen des Werkes fällig.

Der Vorschuss ist ein garantiertes Mindesthonorar, das der Autor nicht zurückzuzahlen hat, das jedoch mit allen weiteren Ansprüchen, die dem Autor nach diesem Vertrag zustehen, verrechnet werden darf.

e) Ist der Autor umsatzsteuerpflichtig, so hat er dies dem Verlag umgehend mitzuteilen, der die Umsatzsteuer dann den Honoraransprüchen zusetzt.

f) Der Verlag hat über die Vergütungsansprüche halbjährlich zum 30.06. und 31.12. innerhalb von drei Monaten nach Ablauf des jeweiligen Zeitraumes eine Abrechnung zu erteilen. Der Autor ist berechtigt, die Richtigkeit durch einen von ihm beauftragten Wirtschaftsprüfer, Steuerberater, vereidigten Buchprüfer oder Rechtsanwalt prüfen zu lassen. Der Verlag hat dieser Person auf Verlangen die erforderliche Einsicht in die Bücher und Unterlagen zu gewähren. Die Kosten der Prüfung trägt der Autor, wenn die Abrechnung des Verlages bestätigt wird, ansonsten der Verlag.

(Da im Comic/Cartoon-Bereich oft für den Buchhandel vergleichsweise hohe Remissionen in Kauf zu nehmen sind, wird an dieser Stelle zuweilen versucht, noch diverse Absätze bezüglich der Rückzahlung bzw. Verrechnung von Erträgen aus Posten einzuschieben, welche dem Autor gegenüber schon als verkauft abgerechnet, danach jedoch remittiert wurden. Ein solches Ansinnen ist durchaus nachvollziehbar und kann im Grunde auch zugestanden werden, sollte jedoch fair formuliert sein. Auf Rückzahlungsregelungen sollte man sich nicht einlassen, Verrechnung mit den folgenden Abrechnungen ist wohl der beste Weg. Eine Regelung, bei der vom Verlag „zum Auffangen seines Remissions-Risikos" von vornherein ein gewisser Prozentsatz bis zur nächsten Abrechnung einbehalten wird, ist abzulehnen. Hier geht es eindeutig um Verlagsrisiko, welches nicht auf den Autor abgewälzt gehört. Darüber hinaus sind Formulierungen abzulehnen, welche evtl. durch Remittenden entstandene Fehlbeträge auch mit Ansprüchen des Autors aus anderen Verlags-Verträgen verrechenbar machen.)

5 MANUSKRIPTABLIEFERUNG

a) Der Autor verpflichtet sich, dem Verlag das vollständige und vervielfältigungsfähige Manuskript einschließlich sämtlicher Bild- und Text-Vorlagen bis spätestens ...... zu übergeben. Kann der Autor den Termin nicht einhalten, hat er dies dem Verlag umgehend mitzuteilen. Der Verlag räumt dem Autor eine Nachfrist im Sinne des § 30 Verlagsgesetz von mindestens ...... Monaten ein *(1–2 Monate sind üblich, abhängig von voraussichtlicher Größe/Umfang des Werkes. Sollte es sich allerdings um ein Werk mit periodischer Erscheinungsweise handeln [z. B. für Kiosk-Objekte mit 14-täglichem oder monatlichem Erscheinen], so ist diese Frist begreiflicherweise deutlich kürzer anzusetzen).*

Nach Ablauf der Nachfrist ist der Verlag berechtigt, vom Vertrag zurückzutreten und bereits geleistete Vorschusszahlungen vom Autor zurückzufordern.

b) Das Manuskript bleibt Eigentum des Autors und ist ihm vom Verlag nach Erscheinen des Werkes zurückzugeben.

6 FREIEXEMPLARE

Der Autor erhält für seinen eigenen Bedarf ...... Freiexemplare *(ca. 15 Stück)*. Bei Herstellung von mehr als ...... Exemplaren erhält der Autor weitere ...... Freiexemplare (usw.).

Darüber hinaus kann der Autor zum selben Zweck weitere Exemplare seines Werkes zu einem Höchstrabatt von ...... % vom Ladenpreis *(bis zu 45–50 % sind möglich!)* vom Verlag erwerben.

Ein Weiterverkauf ist nur mit Zustimmung des Verlags zulässig.

7 SATZ, KORREKTUR

a) Die erste Korrektur des Satzes wird vom Verlag vorgenommen, wobei er nur zur Berichtigung gewöhnlicher Satzfehler berechtigt und verpflichtet ist. Der Verlag ist verpflichtet, dem Autor dann in allen Teilen gut lesbare Abzüge zur Verfügung zu stellen. Der Autor ist verpflichtet, umgehend die Abzüge ohne gesonderte Vergütung zu korrigieren und für „druckreif" zu erklären. Durch die Erklärung werden auch etwaige Abweichungen vom Manuskript genehmigt.

Abzüge gelten auch dann als „druckreif", wenn sich der Autor nicht innerhalb einer angemessenen *(im Einzelfall auszuhandeln)* Frist nach deren Erhalt zu ihnen erklärt hat.

b) Verursacht der Autor Änderungen im fertigen Satz, so hat er die dadurch entstehenden Mehrkosten – berechnet nach dem Selbstkostenpreis des Verlages – soweit zu tragen, als sie 10% der Satzkosten übersteigen. Dies gilt nicht für Änderungen, die durch nach Ablieferung des Manuskripts eingetretene, nicht vom Autor zu beeinflussende Umstände erforderlich geworden sind.

8 LIEFERBARKEIT UND (VERÄNDERTE) NEUAUFLAGEN

a) Wenn die Auflage des Werkes ausverkauft ist, hat der Verlag den Autor zu benachrichtigen. Der Autor kann dann den Verlag schriftlich auffordern, innerhalb einer Frist von ...... Monaten eine weitere Auflage bzw. eine ausreichende Anzahl weiterer Exemplare des Werkes herzustellen und zu verbreiten.

Hat der Verlag bei Ablauf der vereinbarten Frist mit der Herstellung der Neuauflage nicht begonnen, ist der Autor berechtigt, durch schriftliche Erklärung vom Vertrag zurückzutreten. Bei Verschulden des Verlages kann er daneben Schadenersatz wegen Nichterfüllung verlangen.

Der Verlag bleibt nach dem Rücktritt zum Verkauf der ihm noch *(z.B. durch Remittenden)* zufließenden Restexemplare für einen Zeitraum von ...... Monaten berechtigt; er ist verpflichtet, dem Autor die Anzahl dieser Restexemplare mitzuteilen und zur Abnahme anzubieten.

b) Der Autor ist berechtigt und, wenn es die Art des Werkes erfordert, auch verpflichtet, das Werk für weitere Auflagen zu überarbeiten; wesentliche Änderungen von Art und Umfang des Werkes bedürfen der Zustimmung des Verlages.

(Im Allgemeinen ist in Verlagsverträgen an dieser Stelle noch das Recht des Verlages eingefügt, bei Nichterfüllung der Überarbeitungspflicht durch den Autor einen anderen Bearbeiter bestellen zu können, dessen Arbeitsergebnisse allerdings durch den Autor abgesegnet gehören. Eine solche Regelung mutet im Zusammenhang mit Comic-/Cartoon-Artwork allerdings eher befremdlich an und spräche nicht gerade für das Berufs- und Kunstverständnis des Vertragspartners. Im Kiosk-Geschäft, wo es mitunter eben um das Halten wöchentlicher, vierzehntäglicher oder monatlicher Erscheinungstermine geht, muss allerdings auch für solche Vorgehensweisen ein gewisses Verständnis aufgebracht werden.)

9 VERRAMSCHUNG, MAKULIERUNG

a) Wenn der Verkauf in zwei aufeinanderfolgenden Jahren unter ...... Exemplaren pro Jahr gelegen hat, ist der Verlag berechtigt, das Werk zu verramschen. Am Erlös ist der Autor in Höhe des vereinbarten Grundhonorarprozentsatzes beteiligt.

(Gerade im Comic-Bereich sind hier oft auch Formulierungen gängig, welche schon nach einem „schlechten" Jahr eine Verramschung möglich machen. Eine weitere gern benutzte Formulierung sichert dem Autor eine etwas höhere Prozentbeteiligung zu, solange der Ramschpreis über dem Herstellungspreis liegt. Liegt er allerdings darunter [was bei Verramschungen meist ohnehin die Regel ist], bleibt für den Autor schließlich gar nichts. Beide Regelungen sind aus Sicht des Autors fragwürdig und sollten eher nicht zugestanden werden. Sie würden der – ohnehin bisweilen exzessiven – Ramsch Politik vieler Verlage noch Vorschub leisten!)

b) Erweist sich auch ein Absatz zum Ramschpreis als nicht durchführbar, darf der Verlag die Restauflage makulieren.

c) Der Verlag ist verpflichtet, den Autor von einer beabsichtigten Verramschung bzw. Makulierung vorher zu informieren. Der Autor hat das Recht, durch einseitige Erklärung die noch vorhandene Restauflage bei beabsichtigter Verramschung zum Ramschpreis, bei beabsichtigter Makulierung unentgeltlich – ganz oder teilweise – ab Lager abzunehmen.

10 REZENSIONEN

Der Verlag wird bei ihm eingehende Werkbesprechungen umgehend an den Autor weiterleiten.

11 URHEBERBENENNUNG, COPYRIGHT-VERMERK

a) Der Verlag ist verpflichtet, den Autor in angemessener Weise, mindestens im Impressum, als Urheber des Werkes zu nennen.

b) Der Verlag ist verpflichtet, bei der Veröffentlichung des Werkes den Copyright-Vermerk im Sinne des Welturheberrechtsabkommens anzubringen.

(Die hier genannte Verlagsverpflichtung ist unabdingbar und sollte in jedem Fall eingefordert werden. Im Falle von Artwork-Produktion im Rahmen einer Lizenzcharacter-Nutzung mag der Lizenzgeber und/oder der Vertragspartner argumentieren, dass aus Gründen des Markenschutzes eine Autorennennung unterbleiben solle. Dies kann allerdings nicht wirklich als triftiges Argument gelten. Die Situation sollte gelöst werden, indem man über die in 12 a) genannte „angemessene Weise" verhandelt: Es ist zum Beispiel eine Nichtnennung auf Cover und Innentitel vorstellbar, sofern eine unmissverständliche Nennung im Impressum erfolgt.)

12 ÄNDERUNG VON EIGENTUMS- UND PROGRAMMSTRUKTUR DES VERLAGES

a) Der Verlag ist verpflichtet, dem Autor anzuzeigen, wenn sich in seinen Eigentums- oder Beteiligungs-Verhältnissen eine wesentliche Veränderung ergibt. Dasselbe gilt für wesentliche Veränderungen in der über das Verlagsprogramm entscheidenden Verlagsleitung.

b) Der Autor ist berechtigt, durch schriftliche Erklärung gegenüber dem Verlag von etwa bestehenden Optionen oder von Verlagsverträgen über Werke, deren Herstellung der Verlag noch nicht begonnen hat, zurückzutreten, wenn sich durch eine Veränderung gemäß Ziff. 12 a) eine so grundsätzliche Veränderung des Verlagsprogramms in seiner Struktur und Tendenz ergibt, dass dem Autor nach der Art seines Werkes und unter Berücksichtigung des, bei Abschluss dieses Vertrages bestehenden, Verlagsprogramms ein Festhalten am Vertrag nicht zugemutet werden kann.

c) Das Rücktrittsrecht kann nur innerhalb eines Jahres nach Zugang der Anzeige des Verlages gemäß 13 a) ausgeübt werden.

14 SCHLUSSBESTIMMUNGEN

a) Soweit in dem Vertrag keine abweichenden Regelungen getroffen sind, gelten die Bestimmungen des Verlagsgesetzes. Die Nichtigkeit oder Unwirksamkeit einzelner Bestimmungen dieses Vertrags berührt die Gültigkeit der übrigen Bestimmungen nicht. Die Parteien sind alsdann verpflichtet, die mangelhafte Bestimmung durch eine solche zu ersetzen, deren wirtschaftlicher und juristischer Sinn dem der mangelhaften Bestimmung möglichst nahe kommt.

b) Jede Partei erhält je eine gleich lautende unterschriebene Fassung dieses Vertrages.

c) Nebenabreden und Ergänzungen zu vorliegendem Vertrag bedürfen der Schriftform, wobei ein bestätigender Briefwechsel der Vertrags-Parteien genügt.

d) Bei Beendigung des Vertrages, gleich aus welchem Grund, oder Verramschung oder Makulierung des Werkes fallen alle eingeräumten Rechte, ohne dass es einer gesonderten Erklärung bedarf, entschädigungslos an den Autor zurück.

15 ERFÜLLUNGSORT UND GERICHTSSTAND
für diesen Vertrag ist ...

(evtl: Die Parteien erklären, Mitglieder bzw. Wahrnehmungsberechtigte folgender Verwertungsgesellschaften zu sein. Der Verlag: .../ Der Autor: ...)

Ort, Datum und Unterschrift

____

Autor

Ort, Datum und Unterschrift

____

Verleger/Verlagsbeauftragter

3.2 BEISPIELNORMVERTRAG
FÜR DEN ABSCHLUSS VON WERKVERTRÄGEN

WERKVERTRAG

zwischen: (Autor/Designer/Illustrator...)
im folgenden BILDAUTOR genannt
(oder dessen Rechtsnachfolger) einerseits

____

und (Verlag, Redaktion, Agentur, Firma...)
im folgenden KUNDE genannt
(oder dessen Rechtsnachfolger) andererseits

____

1 VERTRAGSGEGENSTAND

a) Gegenstand dieses Vertrags ist das vom Bildautor zu schaffende, vom Kunden in Auftrag gegebene Werk/die Illustration mit dem Titel/Arbeitstitel ...... sowie die Einräumung von Nutzungsrechten an diesem Werk.

(Hier empfiehlt sich ebenfalls eine grobe Beschreibung des Werks sowie eine Angabe zum ungefähren Umfang des Werkes, um späteren Nachbesserungs- bzw. Erweiterungsforderungen begegnen zu können.)

b) Der Bildautor versichert, Inhaber des Urheberrechts und allein berechtigt zu sein, über die Nutzungsrechte an seinem Werk zu verfügen und bisher keine den Rechtseinräumungen dieses Vertrages entgegenstehende Verfügungen getroffen zu haben. Dies gilt auch für von ihm gelieferte Bildvorlagen.

Bietet der Bildautor dem Kunden Bildvorlagen an, für die dies nicht zutrifft oder nicht eindeutig geklärt ist, so hat er den Kunden darüber und über sämtliche ihm bekannten/erkennbaren rechtlich relevanten Fakten zu informieren.

2 RECHTSEINRÄUMUNG

a) Der Bildautor räumt dem Kunden das (räumlich und zeitlich unbegrenzte/begrenzte – dann mit entsprechend genauen Angaben!) einfache/ausschließliche Recht zur Nutzung des Werkes in folgendem Rahmen ein: ...... *(hier gilt das zum Verlagsvertrag Gesagte. Der Umfang der Rechtseinräumung hängt vom Einzelfall ab.)*

b) Für die Arbeiten (Entwürfe und Werkzeichnungen) des Bildautors gelten die Regelungen des Urheberrechtsgesetzes unabhängig davon, ob sie die nach § 2 UrhG erforderliche Schöpfungshöhe erreichen.

c) Ohne Zustimmung des Bildautors dürfen seine Werke weder im Original noch bei der Reproduktion bearbeitet oder umgestaltet werden.

d) Die Werke des Bildautors dürfen nur für die vereinbarte Nutzungsart und den vereinbarten Zweck im vereinbarten Umfang gemäß 2 a) verwendet werden. Die eingeräumten Nutzungsrechte erwirbt der Kunde erst mit vollständiger Zahlung des vereinbarten Honorars.

e) Wiederholungs- oder Mehrfachnutzungen bedürfen der Zustimmung des Bildautors; es ist ein gesondertes Honorar zu vereinbaren.

f) Die Übertragung eingeräumter Nutzungsrechte an Dritte bedarf der Zustimmung des Bildautors. Dies gilt nicht im Falle der Einräumung des ausschließlichen Nutzungsrechts.

g) Der Bildautor hat einen Auskunftsanspruch über den Umfang der Nutzung durch den Kunden.

3 HONORAR/VERGÜTUNG

a) Das Honorar des Bildautors beträgt ...... €. und setzt sich aus folgenden Bestandteilen zusammen:

- Vergütung für die gesamte Entwurfsarbeit/Konzeption etc. i.H.v. ...... €
- Vergütung für die Einräumung von Nutzungsrechten i.H.v. ...... €
- Vergütung für die Erstellung von Reinzeichnungen (auch: Werkzeichnungen) i.H.v. ...... € zzgl. Nebenkosten.

b) Eine unentgeltliche Tätigkeit, insbesondere die kostenfreie Schaffung von Entwürfen, ist nicht berufs-/branchenüblich. Übt der Auftraggeber seine Nutzungsoption nicht aus und werden keine Nutzungsrechte eingeräumt, berechnet der Bildautor ein Abschlagshonorar als Vergütung seiner Entwurfsarbeit.

c) Vorschläge und Weisungen des Kunden aus technischen, gestalterischen und anderen Gründen sowie seine sonstige Mitarbeit haben keinen Einfluss auf das Honorar, sie begründen, wenn nicht ausdrücklich anders schriftlich vereinbart, auch keine Miturheberschaft.

d) Das Honorar ist bei Ablieferung der jeweiligen Arbeiten fällig und ohne Abzug zu zahlen. Bei umfangreichen und in der Abwicklung langfristigen Arbeiten ist eine angemessene Vorauszahlung zu leisten.

(Vorauszahlungen oder Abschläge sind ausdrücklich zu vereinbaren; andernfalls besteht kein Anspruch hierauf.)

e) Ist der Bildautor mehrwertsteuerpflichtig, ist die Mehrwertsteuer in der jeweiligen gesetzlichen Höhe den vereinbarten Honorarbeträgen hinzu zu setzen.

4 ZUSATZLEISTUNGEN, NEBEN- UND REISEKOSTEN

a) Die Änderung von Entwürfen, die Schaffung und Vorlage weiterer Entwürfe, die Änderung von Reinzeichnungen sowie andere Zusatzleistungen *(wie etwa Manuskriptstudium, Produktionsüberwachung...)* werden nach Zeitaufwand gesondert berechnet *(hier muss ein entsprechender Stundensatz festgelegt werden).*

b) Im Zusammenhang mit den Entwurfs- oder Entwurfsausführungsarbeiten entstehende technische Nebenkosten *(Zwischenrepros, Satz ...)* sind zu erstatten.

c) Für Reisen, die nach Abstimmung mit dem Kunden zwecks Durchführung des Auftrags oder der Nutzung erforderlich sind, werden die Kosten und Spesen berechnet.

d) Die Vergabe jeglicher Fremdleistungen *(Fotoaufnahmen, Lithos, Druckausführung ...)* nimmt der Bildautor nur aufgrund einer mit dem Kunden getroffenen Vereinbarung in dessen Namen und auf dessen Rechnung vor. Soweit der Bildautor auf Veranlassung des Kunden Fremdleistungen in eigenem Namen vergibt, stellt der Kunde ihn von hieraus entstehenden Ansprüchen frei.

e) Die Vergütung von Zusatzleistungen ist nach deren Erbringung fällig, verauslagte Nebenkosten sind nach Anfall zu erstatten. Sämtliche hier genannten Kosten verstehen sich zuzüglich der gesetzlichen MwSt.

5 BELEGEXEMPLARE
Von vervielfältigten Werken sind dem Bildautor mindestens ... *(10 sind üblich)* Belegexemplare unentgeltlich zu überlassen, die er auch im Rahmen seiner Eigenwerbung verwenden darf.

6 EIGENTUM, VERSENDUNGSGEFAHR
a) An den Arbeiten des Bildautors werden nur Nutzungsrechte eingeräumt, ein Eigentumsrecht wird nicht übertragen.

b) Die Originale sind, sofern nicht ausdrücklich anders vereinbart, nach angemessener Frist unbeschädigt an den Bildautor zurückzugeben.

c) Zusendung und Rücksendung der Arbeiten erfolgen auf Gefahr und Rechnung des Kunden.

7 KORREKTUR, PRODUKTIONS-ÜBERWACHUNG, HAFTUNG
a) Vor Produktionsbeginn sind dem Bildautor Korrekturmuster vorzulegen. Der Bildautor ist zu einer sorgfältigen Überprüfung dieser Muster verpflichtet.

b) Die Produktion wird vom Bildautor nur aufgrund einer besonderen Vereinbarung überwacht. Besteht eine solche Vereinbarung, so ist der Bildautor ermächtigt, erforderliche Entscheidungen zu treffen und Weisungen zu erteilen, wobei der Kunde den Bildautor von der sich aus diesen Entscheidungen ergebenden Haftung freistellt.

c) Der Bildautor haftet nicht für die wettbewerbs- und warenzeichenrechtliche Zulässigkeit sowie für die Eintragungsfähigkeit seiner Entwürfe und sonstigen Arbeiten.

8 GESTALTUNGSFREIHEIT
a) Die Gestaltungsfreiheit des Bildautors wird durch das Vertragsverhältnis nicht eingeschränkt.

b) Sämtliche dem Bildautor überlassenen Vorlagen werden unter der Voraussetzung verwendet, dass der Auftraggeber/Kunde zu deren Verwendung berechtigt ist.

9 SCHLUSSBESTIMMUNGEN
a) Soweit dieser Vertrag keine speziellen Regelungen enthält, gelten die allgemeinen gesetzlichen Bestimmungen des materiellen Rechts der Bundesrepublik Deutschland. Die Nichtigkeit oder Unwirksamkeit einzelner Bestimmungen dieses Vertrags berührt die Gültigkeit der übrigen Bestimmungen nicht. Die Parteien sind alsdann verpflichtet, die nichtige oder unwirksame Bestimmung durch eine solche zu ersetzen, die der wegfallenden Bestimmung wirtschaftlich am nächsten kommt.

b) Jede Partei erhält je eine gleich lautende unterschriebene Fassung dieses Vertrages.

c) Nebenabreden und Ergänzungen zu vorliegendem Vertrag bedürfen der Schriftform, wobei ein bestätigender Briefwechsel der Vertrags-Parteien genügt.

d) Bei Beendigung des Vertrages, gleich aus welchem Grund, oder Verramschung oder Makulierung des Werkes fallen alle eingeräumten Rechte, ohne dass es einer gesonderten Erklärung bedarf, entschädigungslos an den Autor zurück.

10 ERFÜLLUNGSORT UND GERICHTSSTAND für diesen Vertrag ist ...

Ort, Datum und Unterschrift

____
Bildautor

Ort, Datum und Unterschrift

____
Kunde

3.3 BEISPIELNORMVERTRAG
FÜR DEN ABSCHLUSS VON KOOPERATIONSVERTRÄGEN

ZUSAMMENARBEITSVERTRAG

zwischen: Autor 1 bzw. Autorenteam
einerseits

____

und Co-Autor 2 bzw. Zeichnerteam
andererseits

____

1 VERTRAGSGEGENSTAND UND AUFTEILUNG DER ZUSAMMENARBEIT/PFLICHTEN DER EINZELNEN VERTRAGSPARTEIEN

a) Gegenstand des Vertrags ist die im Folgenden festgelegte Zusammenarbeit der Vertragsparteien bei der Herstellung und Verwertung des Werkes ...... (im Folgenden „das Werk" genannt).

b) Die Zusammenarbeit wird wie folgt unter den Parteien aufgeteilt:

Das Autorenteam übernimmt Text- und Recherchearbeiten, liefert Idee, Grundkonzeption, Szenarien und Dialoge für das Werk und sämtliche direkt mit dem Werk in Verbindung stehende Nebenaufträge.

Außerdem stellt das Autorenteam dokumentarisches Bildmaterial als Vorlage für das Zeichnerteam zur Verfügung.

Das Autorenteam ist allein autorisierter Textautor des Werkes und sämtlicher sich daraus ergebender Zusatzwerke.

Das Zeichnerteam übernimmt alle mit dem Werk in Zusammenhang stehenden Zeichenarbeiten. Das Zeichnerteam ist allein coautorisierter Bildautor des Werkes und sämtlicher sich daraus ergebender Zusatzwerke.

c) Die Vertragsparteien sichern sich gegenseitig für die obliegenden Arbeiten uneingeschränkte Gestaltungsfreiheit zu. Sie bemühen sich um eine gemeinsame und einvernehmliche Zusammenarbeit.

d) Die Vertragsparteien verpflichten sich, ihren jeweiligen Teil der Zusammenarbeit umfassend, zuverlässig und pünktlich zum – im Einzelfall zu vereinbarenden – Zeitpunkt abzuleisten.

(Dies erfordert also jeweilige Zusatzvereinbarungen. Erfüllt eine der Parteien diese Pflichten trotz Aufforderung und Fristsetzung nicht, ist die andere Partei berechtigt, den Vertrag zu kündigen.)

2 RECHTSEINRÄUMUNG BZW. AUFTEILUNG DER RECHTE

a) Das Autorenteam hat die alleinige Urheberschaft an Idee, Konzeption und textlicher Ausgestaltung des Werkes und sämtlicher sich daraus ergebender Zusatzwerke. Diese dürfen anderweitig nur mit Zustimmung der Autoren verwendet werden.

Das Zeichnerteam hat die alleinige Urheberschaft an der zeichnerischen Ausgestaltung, der optischen Darstellung des Werkes und sämtlicher sich daraus ergebender Zusatzwerke. Die Originale des zeichnerischen Werkes verbleiben bei den Bildautoren.

b) Die Einräumung von Nutzungsrechten (sowie sämtliche hierbei notwendig werdenden Vertragsbestimmungen) an dem Werk oder Teilen davon kann durch die Vertragsparteien nur gemeinsam erfolgen.

c) Bei Beendigung des Vertrages bleiben bei jeder Partei die mit ihrer Urheberschaft verbundenen Rechte gem. Ziff. 2 a), über die jede Partei dann wieder frei verfügen darf.

(Daraus ergibt sich für das Zeichnerteam die Möglichkeit, für das Werk entwickelte Figuren oder Schauplätze in ihrer Optik weiterzuverwenden. Dies allerdings keinesfalls im Sinne der vom Autorenteam entwickelten Ideen und Konzepte.)

3 NEBENRECHTE

a) Die Einräumung weiterer Rechte für sich aus dem Werk ergebende Zusatzwerke *(Merchandising, multimediale Umsetzung der Inhalte des Hauptwerkes usw.)* kann nur mit Zustimmung der jeweils anderen Partei erfolgen. Über die jeweilige Aufteilung der infrage stehenden Rechte und anfallenden Erträge sind Zusatzvereinbarungen zu treffen.

4 VORLEISTUNGSVERPFLICHTUNGEN DER VERTRAGSPARTEIEN

(Der Inhalt dieses Paragraphen wird von Fall zu Fall unterschiedlich ausfallen, jeweils individuell formuliert werden müssen oder, falls das Werk schon vorliegt, evtl. auch ganz wegfallen. Der vorliegende Text bezieht sich hier auf ein konkretes Beispiel aus der Praxis und soll nur eine mögliche Richtung für etwaige solche Vereinbarungen weisen.)

a) Zur Präsentation des Werkes bei Verlagen und sonstigen potenziellen Verwertern verpflichten sich beide Parteien, ihren (unter 1 b) festgelegten) jeweiligen Teil zur Erstellung einer ......-seitigen Pilotstory zu leisten.

(Art und Auftritt dieser Story hängt, so das Werk nicht als gezielte Auftragsarbeit entsteht, nicht von einer evtl. Vorgabe irgendwelcher Verlage ab. Das ist anfangs nur Sache der Autoren selbst. Ohne eine einigermaßen klare Vorstellung von Konzept, Inhalt und Optik des Werkes wird sich kein Verlag zu einer Aussage, geschweige denn einer Vertragsunterzeichnung bringen lassen.

Ob also Farbe oder s/w, ob 20, 30 oder auch nur 10 Seiten liegt allein im Ermessen der Vertragsparteien. Aller Erfahrung nach ist es wichtiger, einen guten Überblick über das Gesamtprojekt zu vermitteln. Also beispielsweise: kurze (textliche) Zusammenfassung der Grundidee, der zu entwickelnden Welt und der groben Richtung, in die sich die Serie bewegen soll. Dazu Exposés zu 1 bis 2 konkreten Stories, Modelsheets und Skizzen verschiedener Figuren und Schauplätze und dann evtl. eine 6- bis 10-seitige Pilotstory.)

b) *(Hier wird festgelegt, welcher der Parteien die Klinkenputzerpflicht der Präsentation und Verhandlung mit den Verlagen obliegt.)*

c) Die in Ziff. 4 a) und b) geregelten Vorleistungen erfolgen vergütungsfrei.

d) Für die Pilot-Arbeiten wie für die Zusammenarbeit am gesamten Werk trägt das Zeichnerteam die Kosten für anfallendes Zeichenmaterial, das Autorenteam trägt die Kosten für Verfielfältigung des Werkes, Dokumentations- und Präsentationsmaterial.

5 AUFTEILUNG ANFALLENDER VERWERTUNGSERTRÄGE

a) Der unter 2) festgelegten Aufteilung der Rechte entsprechend, werden anfallende Erträge aus der Verwertung des Werkes wie folgt aufgeteilt:

Die Vertragsparteien erhalten jeweils 50 % am Gesamtertrag. Dabei ist es gleichgültig, ob es sich bei den Erträgen um einmalige Festbeträge oder um prozentuale Beteiligungen am Verkaufserlös der betreffenden Publikationen handelt.

b) *(Wird das Werk einem Kunden gegenüber nicht auf der Basis eines Festhonorars bzw. einer prozentualen Erlös-Beteiligung, sondern nach Einzel-Arbeitsgängen abgerechnet, so ergibt sich eine Aufteilung der Erlöse je nach gelieferter Leistung. Es bedarf dann einer genauen Regelung, da ansonsten Streit vorhersehbar ist.*

Werden beispielsweise mehrere Story-Exposés ohne weiteren Skizzen-Aufwand fällig [und auch bezahlt], bis der Kunde zufrieden ist, so erhält den Ertrag in diesem Falle ausschließlich das Autorenteam. Bei erhöhtem Entwurfsaufwand gilt dasselbe umgekehrt.)

c) *(Über die Verteilung anfallender Erträge bei der Verwertung von Nebenrechten bedarf es im Einzelfall gesonderter Vereinbarungen.)*

6 SCHLUSSBESTIMMUNGEN

a) Soweit dieser Vertrag keine speziellen Regelungen enthält, gelten die allgemeinen gesetzlichen Bestimmungen des Rechts der Bundesrepublik Deutschland. Die Nichtigkeit oder Unwirksamkeit einzelner Bestimmungen dieses Vertrags berührt die Gültigkeit der übrigen Bestimmungen nicht. Die Parteien sind alsdann verpflichtet, die nichtige oder unwirksame Bestimmung durch eine solche zu ersetzen, deren wirtschaftlicher Zweck der zu ersetzenden Bestimmung möglichst nahe kommt.

b) Jede Partei erhält je eine gleich lautende unterschriebene Fassung dieses Vertrages.

c) Nebenabreden und Ergänzungen zu vorliegendem Vertrag bedürfen der Schriftform, wobei ein bestätigender Briefwechsel der Vertrags-Parteien genügt.

7 ERFÜLLUNGSORT UND GERICHTSSTAND

für diesen Vertrag ist ...

Ort, Datum und Unterschrift

____

Team 1

Ort, Datum und Unterschrift

____

Team 2

SCHLUSSBEMERKUNG

Bei allem Bemühen um vertraglich saubere Regelungen, gibt es doch immer wieder Situationen, in denen es – aufgrund der Kürze der Zeit oder weil einem dies (angesichts geringen Auftragsumfangs oder eines ungehaltenen Kunden) unangebracht erscheint – nicht zu vertraglichen Vereinbarungen kommt. Auch in solchen Fällen jedoch bleiben noch genügend Möglichkeiten, sich soweit als möglich abzusichern:

- Vor Arbeitsbeginn sollte in jedem Fall die Erteilung eines schriftlichen Auftrages (mit Angaben zum Umfang des zu erstellenden Werkes sowie zur vorhergesehenen Nutzung) abgewartet werden. Ist eine solche vom Kunden (evtl. auch nur aus Zeitgründen) nicht zu bekommen, sollte der Autor selbst eine kurze schriftliche Auftragsbestätigung an den Auftraggeber aufsetzen. Eine solche Bestätigung muss sich immer auf die (mündliche) Auftragserteilung (z.B. am Telefon, beim Briefing etc.) beziehen, den abgesprochenen Umfang und Inhalt des Auftrags sowie den geplanten Nutzungszweck und die Höhe des vereinbarten Honorars beinhalten. Bleibt diese Auftragsbestätigung unwidersprochen, so ist das Bestätigte Rechtens und gilt als Vertragsgrundlage bei evtl. Streitigkeiten.

- Bei Aufträgen größeren Umfangs und Kunden, deren Geschäftsgebaren der Autor nicht kennt, ist es stets ratsam, schon im Verlauf der ersten Verhandlungen nicht nur eine mündliche Honoraraussage zu machen, sondern möglichst ein schriftliches Angebot an den Kunden zu formulieren. Erstens ist auch dies ein Schriftstück, dessen Aussagen den Stand der Verhandlungen vor Arbeitsbeginn dokumentieren, und zweitens wird auf diese Weise sichergestellt, dass – im Gespräch eventuell nur beiläufig getroffene – Preisaussagen ihr Ziel erreichen. Ein solches Angebot sollte den vorgesehenen Leistungsumfang so klar wie möglich umreißen sowie eine Klausel enthalten, welche klarstellt, dass jede Änderung NACH Erstellung der bestellten Reinzeichnung als Autorenkorrektur gilt und nach Stundensatz honoriert wird (hier konkret den eigenen Satz angeben oder sich auf eine der gängigen Empfehlungslisten, siehe Kapitel 1.2, berufen). Ein Kunde, der sich durch solches Vorgehen irritiert oder gar vor den Kopf gestoßen zeigt, führt entweder Übles im Schilde oder lebt außerhalb jeder geschäftlichen Realität (was auch nicht viel besser ist)!

- Bei Rechnungstellung immer deutlich machen, wofür das entsprechende Honorar berechnet wird (also Inhalt und Umfang der erbrachten Leistung sowie Art/Umfang des eingeräumten Nutzungsrechts). So schützt man sich vor Missverständnissen, unvereinbarten Nachforderungen bzw. Übertretung der o.g. Nutzungsrechts-Einschränkungen.

- Vor allem aber ist es bei jedem Kunden- bzw. Verlagskontakt von Anfang an wichtig, klar und offen über Preise, Rechtsansprüche, Nutzungsart und -dauer zu sprechen. Es macht keinen Sinn, sich gegenseitig ein gutes Kooperationsverhältnis vorzugaukeln, indem die Klärung der eigentlichen Knackpunkte „bis auf weiteres" aufgeschoben wird. Kunden, welche nach dem Motto: „Erst mal seh'n, was Sie überhaupt zu bieten haben" versuchen, sich die Entwurfsphase unentgeltlich zu erschleichen, werden selbst beim Zustandekommen einer weiteren Zusammenarbeit nie verlässliche Partner sein!

Klare Aussagen über Rechtsansprüche, Leistungsumfang und -Vergütung bewahren nicht nur vor bösen Überraschungen, sondern vermitteln dem Kunden darüber hinaus einen professionellen Eindruck, der sich auch auf die Beurteilung der zu erbringenden kreativen Leistung auswirken wird!

- Zu guter Letzt hat der Urheber durch die im Sommer 2002 in Kraft tretende **Änderung des Urhebergesetzes** nach der neuen Regelung in § 32 UrhG nunmehr immer Anspruch auf eine „angemessene" Vergütung. Er kann sogar die Änderung eines Vertrages verlangen, soweit die im Vertrag vereinbarte Vergütung nicht „angemessen" ist.

  Gemäß dem neuen § 36 UrhG stellen zur Bestimmung der Angemessenheit von Vergütungen nach § 32 Vereinigungen von Urhebern mit Vereinigungen von Werknutzern oder einzelnen Werknutzern gemeinsame Vergütungsregeln auf. – In Tarifverträgen enthaltene Regelungen gehen gemeinsamen Vergütungsregeln vor.

  Derzeit ist noch nicht abschließend geklärt, welche „Vereinigungen" gemeint bzw. berechtigt sind, entsprechende Vergütungsregeln aufzustellen. Zum Teil werden gegen die neuen Regelungen bereits verfassungsrechtliche Bedenken erhoben. Es bleibt daher abzuwarten, wie die neue Gesetzeslage „gelebt" wird

TEIL 4
WAS SONST NOCH ZU SAGEN BLEIBT
TIPPS ZUR WIRTSCHAFTLICHEN EXISTENZBEWÄLTIGUNG DES KREATIVEN

WAS SONST NOCH ZU SAGEN BLEIBT

WEITERFÜHRENDE GRUNDINFORMATIONEN UND BEGRIFFSKLÄRUNGEN ZUR SITUATION FREISCHAFFENDER KREATIVER

4.1 STEUERN

An dieser Stelle kann und soll nun nicht zu einer umfassenden Darstellung des bundesdeutschen Steuerrechts ausgeholt werden – das tun, wo nötig, schon die zuständigen Ämter und Institutionen; wenn schon nicht besser, so doch wenigstens ausführlicher und wunderschön verklausuliert. Darüber hinaus ist darauf hinzuweisen, dass – aufgrund der Harmonisierungsbestrebungen im Zusammenhang mit der europäischen Einigung – insbesondere das Steuerrecht in den kommenden Jahren sicherlich die eine oder andere Novelierung durchmachen wird.

Wen's also betrifft, der sollte nach wie vor die entsprechenden Merkblätter des Gesetzgebers zu Rate ziehen, sich in einschlägigen Ratgebern kundig machen (siehe LITERATURTIPPS – 5.2) oder einen versierten Steuerberater konsultieren.

Auch demjenigen, der sich auf lange Sicht vertrauensvoll in die Obhut eines spezialisierten Steuerberaters begeben möchte, sei allerdings dringend empfohlen, sich, zumindest anfangs, auch selbst bis zu einem gewissen Grad in die Materie einzuarbeiten. Das hilft enorm, die eigene wirtschaftliche Situation zu verstehen und somit auch bei der Preisfindung mit größerer Sicherheit agieren zu können (siehe hierzu auch 4.3 – BETRIEBSKOSTENRECHNUNG).

Anzumerken sind hier aber doch einige wichtige und allgemein gültige Grundlagen:

Mehrwertsteuer

In den vorangegangenen Kapiteln wurde mehrfach darauf hingewiesen, dass sämtliche €-Angaben als Netto-Preise zu verstehen sind, der gesetzlich vorgeschriebene Mehrwertsteuersatz also noch hinzugefügt werden müsse. Dieser liegt in Deutschland zurzeit bei 16 Prozent bzw. dem ermäßigten Mehrwertsteuersatz von 7 Prozent.

„Newcomer", welche ihre Tätigkeit nicht als angemeldetes Gewerbe betreiben (also auch keine MwSt. berechnen), da sie der Meinung sind, ihr gewerblich erzielter Umsatz erreiche keine nennenswerte Größenordnung, begeben sich mit dieser Einschätzung auf äußerst dünnes Eis! Prinzipiell ist erst mal jede gewerbliche Tätigkeit anmeldungs- und umsatzsteuer-(mehrwertsteuer-)pflichtig! Ausnahmen von der Umsatzsteuerpflicht mögen in Einzelfällen vorstellbar sein, dies muss jedoch im konkreten Einzelfall mit dem jeweils zuständigen Finanzamt vorab geklärt werden!

Insbesondere ist darauf hinzuweisen, dass jeder Ausweis der Mehrwertsteuer in einer Rechnung dazu verpflichtet, die Mehrwertsteuer abzuführen, und zwar auch dann, wenn der Rechnungssteller nicht mehrwertsteuerpflichtig ist!

- Ganz besonders wichtig und doch auch vielen Profis nicht so richtig bewusst ist die Bedeutung des Unterschieds zwischen ermäßigtem und ganzem Mehrwertsteuersatz:

Laut §12 des Umsatzsteuergesetzes (UStG) ist für sämtliche Umsätze aus der Einräumung von Rechten, welche sich aus dem Urheberrecht ergeben, nur der ermäßigte Steuersatz

(= 7%) zu entrichten. In konsequenter Umkehrung bedeutet dies also, dass auf Leistungen, für die 16% Umsatzsteuer eingezogen werden, kein Anspruch auf Behandlung nach dem Urheberrecht erhoben werden soll. Der Kunde könnte die Zeichnungen als reine „Einmal-Ware“ verstehen, derer er sich nach Belieben unbegrenzt bedienen darf. **Die Wahl des korrekten MwSt-Satzes entpuppt sich somit als ungemein wichtig:** Abgesehen von den Missverständnissen, welche durch den Einzug des vollen Satzes entstehen können, besteht die Gefahr, vom Finanzamt gewerblich (anstatt freischaffend) veranlagt zu werden und somit zusätzlich Gewerbesteuer abführen zu müssen!

Fazit: Der berechnete Mehrwertsteuersatz ist gleichzeitig Definition des geschäftlichen Status sowie Ausdruck des künstlerischen Selbstverständnisses! Die Verwendung des ermäßigten Mehrwertsteuersatzes signalisiert klar: Hier geht es um die Übertragung von Nutzungsrechten und NICHT um den gewerblichen Verkauf von Waren und Produkten.

Alle Arbeiten des freischaffenden Kreativen, für die Anspruch auf urheberrechtlichen Schutz besteht, sollten zu 7 Prozent abgerechnet werden. Ebenso fallen alle weiteren Kosten, die im Zusammenhang mit diesen Arbeiten stehen (Material, Fahrtkosten, Entwürfe, Reinzeichnungen etc.) unter diese Regelung. Im Prinzip geht es also um alle den Comic-Zeichner und Cartoonisten betreffenden Arbeiten. Selbst eine rein grafische Routinearbeit, wenn sie im Zuge eines „Full-Service“ im Zusammenhang mit einer Illustration, einer Comicseite geleistet wird, kann also mit 7 % abgerechnet werden.

- Man sollte sich in keinem Fall bei der Preisgestaltung dadurch irritieren lassen, dass der Endpreis durch Hinzufügen der Mehrwertsteuer (bzw. Umsatzsteuer) ja noch erhöht wird. Für den (meist ebenfalls professionell arbeitenden bzw. kommerziell nutzenden) Kunden ist diese Steuer (wie auch für den Entwerfer/Bildautor selbst) lediglich ein Durchlaufposten und belastet nicht wirklich sein Geschäftsergebnis.

Anders verhält sich die Situation natürlich, wenn man eine Arbeit unmittelbar an den Endverbraucher (oder besser: Otto Normalverbraucher) verkauft. Da dieser seinerseits keine Umsatzsteuer einzuziehen hat, kann er die an den Künstler bezahlte auch mit nichts verrechnen. Er ist also derjenige, der das Prinzip Mehrwertsteuer wirklich auszubaden hat. Ihn können die zusätzlichen 7 bzw. 16% schon schmerzen.

Trotzdem sollte man nun in solchen Fällen den Ausgangspreis nicht gleich generell nach unten korrigieren, auch hier kommt's eben auf die Attraktivität des betreffenden Jobs an.

Einkommensteuer und sonstige Steuern

Auch hier sei vorab nochmals darauf hingewiesen, dass die Angaben in diesem Ratgeber keinesfalls die Konsultation der entsprechenden aktuellen Informationsblätter und Gesetzestexte ersetzen können.

Auf alle Fälle sollte zur Bestimmung der eigenen wirtschaftlichen Situation sowie der Definition stimmiger Honorarkalkulationsregeln die Existenz der Einkommensteuer generell als ein die Betriebskostenrechnung des Kreativen belastender Faktor in alle Überlegungen mit einbezogen werden. Dasselbe gilt natürlich auch für sämtliche weiteren, den Künstler nur u.U. betreffenden Steuern und Abgaben wie Gewerbe-, Grundbesitzsteuer etc. (siehe auch 4.3 – BETRIEBSKOSTENRECHNUNG).

Die Einkommensteuer hat jeder professionell tätige Freie – äquivalent zur Lohnsteuer bei Angestellten – zu entrichten. Ihre Höhe richtet sich nach den erzielten Einkünften, den ggf. damit zu verrechnenden Freibeträgen sowie sonst evtl. anwendbaren steuersenkenden Faktoren.

Ob auch die Gewerbesteuer (Einzug durch die Kommunen), Grundsteuer oder sonstige mögliche Steuern für die Situation des Freien wirksam werden, ist pauschal nicht zu beantworten und muss vom Einzelnen jeweils für seine individuelle Situation geklärt werden.

Wichtig für Einsteiger: Vor der entsprechenden Steuerpflicht schützt weder Unwissenheit noch die Tatsache, dass die entsprechenden Steuerbehörden keine Kenntnis von der steuerpflichtigen Aktivität haben. Die Aufschluss- und Erklärungspflicht liegt hier eindeutig beim Steuerpflichtigen. Es ist also auf alle Fälle ratsam, eine längerfristige professionelle Tätigkeit von vornherein auf stabile Beine zu stellen und als freischaffende künstlerische Tätigkeit anzumelden!

4.2 RECHTE

Urheberrecht

Im Gegensatz zu beispielsweise den Erfindern/Entwicklern neuer Produktionsabläufe oder Produkt-Ideen sowie den Schöpfern rein geistiger Werke und wissenschaftlicher Theorien stellt sich die rechtliche Situation für den Bildautor anders dar.

Die Schöpfungen des Bildautors, Illustrators oder Entwerfers (wie auch des Textautors), zumal im Comic/Cartoon-Bereich, genießen in aller Regel Urheberrechtsschutz. Das Urheberrecht bedarf keiner vorherigen Anmeldung, Regiestrierung oder sonstiger Formalitäten. Es entsteht automatisch mit Schaffung des Werkes *(**wichtig**: Es muss eine erkennbare, nachweisbare Schöpfung – ein Werk – vorliegen! An Ideen allein, möglicherweise irgendwann in der Vorphase ausgeplaudert, kann kein Urheberrecht entstehen).*

Das Urheberrecht besteht im Grunde aus zwei Teilen: Zum einen das Verwertungsrecht am geschaffenen Werk, dies beinhaltet die Möglichkeit, das Werk auf verschiedene Art und Weise zu nutzen (Verbreitung und Vervielfältigung) oder nutzen zu lassen (also auch die Möglichkeit, Nutzungsrechte einzuräumen). Zum anderen das ideelle, so genannte Urheberpersönlichkeitsrecht, also das Recht, selbst über Form, Zeitpunkt und Ausmaß einer Nutzung zu entscheiden, gegebenenfalls gar nicht zu nutzen oder sich zu späterem Zeitpunkt vom Werk zu distanzieren. Selbst bei der Einräumung einzelner oder aller Nutzungsrechte bleibt das Urheberrecht des Autors eindeutig bestehen.

Allerdings ist der Urheber bezüglich seiner Urheberschaft beweispflichtig – und eben dies kann durchaus zum Problem werden: Gesetzt den Fall, ein Bildautor erhält nach Entwurfsphase und Lieferung der Reinzeichnungen sein Werk vom Kunden mit der Aussage: „Kein Interesse an einer Nutzung der geleisteten Arbeit“ zurück, findet dann aber einige Zeit später eben jene, von ihm erarbeiteten Motive vom Kunden in einem anderen Zusammenhang (und unter anderer Urheberangabe) verwertet, so kann er natürlich gerichtlich gegen dieses schwarze Schaf vorgehen. Sinn macht dies jedoch nur, wenn seine (frühere) Urheberschaft eindeutig nachweisbar ist. Hierzu reicht aber eben eine einfache Datierung des Originals nicht aus. Eine Möglichkeit, dieses Problem zu vermeiden, besteht darin, eine Kopie des Werkes vor der Lieferung an den Kunden bei einem Notar oder Rechtsanwalt, unter Bestätigung des Einreichungsdatums, zu hinterlegen. Eine andere Möglichkeit wäre es, die Einreichnung bzw. Vorlage des geschaffenen Werks (oder der kreativen Vorschritte) beim Kunden von diesem selbst unter Datumsnennung bestätigen zu lassen.

Hauptkriterium für den Anspruch auf Urheberrechtsschutz ist in erster Linie das Vorhandensein einer persönlichen geistigen Schöpfung (deren subjektiver Wert für das Urheberrecht nicht von Belang ist) sowie deren Zugehörigkeit zu einem der Bereiche Literatur, Wissenschaft und Kunst. Der Cartoonist und Comicschaffende befindet sich ja sogar an einer Schnittstelle zweier der genannten Bereiche, seine Werke lassen sich sowohl der Literatur als auch der (angewandten) Kunst zuordnen.

Aus der Annahme, dass der Comicschaffende durch seine individuelle künstlerisch-gestalterische Herangehensweise (seinen Strich, seinen Plot, seine Layouttechnik ...) an das jeweilige Werk, diesem zweifellos einen Anteil persönlicher, unverwechselbarer Schöpfung verschafft, ergibt sich auch die größtenteils vollständige Erfüllung des Hauptkriteriums.

Selbst im Falle einer mit cartoonigem, karikierendem Strich ausgeführten Illustration einer vorgegebenen Idee (eines trockenen Info-Textes beispielsweise) steckt in der Art der humoristischen Interpretation des Themas ein persönlich-individueller Aspekt des Werkes.

Im Falle einer realistisch-schlichten, beispielsweise rein technischen Illustration eines vorgegebenen Sachverhalts (der Wiedergabe eines Plans, einer Fassade o.Ä.) hingegen steht der Urheberrechtsanspruch sicher infrage. Gleiches könnte u.U. auch für den Autor eines Dokumentar-Comics gelten, welcher keine inhaltliche Eigenleistung über die getreue Wiedergabe eines tatsächlichen Geschehens hinaus erbringt.

Bis auf wenige Einzelfälle ist also im Prinzip davon auszugehen, dass für Schöpfungen im Comic/Cartoon-Bereich weitestgehend Urheberrechtsschutz besteht, bei illustrativen Auftrags-Arbeiten im kommerziellen Bereich ggf. etwas genauer hingeschaut werden muss.

Achtung: Oben stehende Interpretation des Urheberrechtsgesetzes basiert auf der subjektiven Deutung des Autors – ein Blick auf gängige Rechtssprechung macht klar, dass in einzelnen aktenkundigen Fällen durchaus auch schon anders lautende Interpretationen vorgekommen sind. Bezeichnenderweise wurden in den meisten dieser Fälle jedoch einige der – laut Gesetz zur Prüfung der Schöpfungshöhe heranzuziehenden – Kriterien wie „Gestaltungswille des Urhebers" oder „Urteil der Fachwelt" nicht berücksichtigt.

Um jeglichen Unsicherheiten vorzubeugen, sich nicht ausschließlich auf ein interpretierbares – Gesetz zu verlassen, empfiehlt es sich daher im Einzelfall, an einen – vertraglich zwischen Urheber und Verwerter vereinbarten – Schutz zu denken.

Auch für den Fall, daß für bestimmte Arbeiten aufgrund der nicht ausreichenden so genannten „Schöpfungshöhe" keine Inanspruchnahme des Urheberrechts infrage kommt, gibt es noch weitere Schutzmöglichkeiten. Diese ergeben sich allerdings nicht mehr automatisch aus der Schaffung des Werkes allein, sondern müssen im Einzelfall beantragt werden. Für den Comic/Cartoon-Schaffenden kommt hier vor allen Dingen der Geschmacksmusterschutz in Betracht. Natürlich ist ein solcher Geschmacksmusterschutz auch sonst eine gute (evtl. zusätzliche) Möglichkeit, seine Werke schützen zu lassen. Dieser wird beim deutschen Patentamt beantragt (und kostet – wie eigentlich alle sonst möglichen „Schutzmaßnahmen" – natürlich Geld und Zeit). Andere (ähnlich kostenpflichtige) Formen anmeldbarer Schutzmöglichkeiten wären noch die Eintragung einer Marke, eines Patents ...

Das bestehende Urheberrechtsgesetz wird in Deutschland seit langen Jahren vehement und kontrovers diskutiert, eine lang vorbereitete Novelle wurde von Lobbyisten der Verwerterseite blockiert und schließlich mehr oder weniger zu Fall gebracht. Im Sommer 2002 tritt jetzt die lange angekündigte Änderung des Urhebergesetzes in Kraft. Darin wird in erster Linie die Vergütung der Urheber gesetzlich geregelt, wobei jedoch noch nicht absehbar ist, wie die neuen Regelungen umzusetzen sind. Es bleiben daher erste Erfahrungen abzuwarten. Es empfiehlt sich also im konkreten Fall unbedingt, sachkundigen Rat von kompetenter Seite einzuholen (es gibt auf Urheberrecht und Medien spezialisierte Anwälte).

Nutzungsrecht

Während das Urheberrecht – wie oben erwähnt – keinesfalls übertragbar ist, so können sämtliche Nutzungsrechte an jedem vorstellbaren Werk natürlich – in beschränkter oder uneingeschränkter Form – vom Urheber auf einen oder mehrere Nutzer übertragen werden. Nur durch eine solche Übertragung wird der Nutzer – im Allgemeinen der Kunde des Kreativen – in die Lage versetzt, mit dem

Werk zu arbeiten, es zu veröffentlichen oder anderweitig zu nutzen.

Wie ebenfalls oben erwähnt, kann der Urheber keinesfalls zur Abtretung bzw. Übertragung von Nutzungsrechten gezwungen werden. Der Umfang der zu übertragenden Nutzungsrechte ist in jedem Einzelfall genau festzulegen und ggf. zu begrenzen. Dabei kann es sich einerseits um eine zeitliche wie auch um eine inhaltliche oder umfängliche Begrenzung handeln – oder um eine Begrenzung aller drei Faktoren. Selbstverständlich ist auch eine UNEINGESCHRÄNKTE Übertragung sämtlicher Nutzungsrechte möglich. Wie sich die einzelnen Übertragungsumfänge auf die Vergütung auswirken, muss natürlich in jedem Einzelfall gut überlegt werden! (Näheres zu der Vielzahl möglicher und vorstellbarer Nutzungsarten und Rechte-Einschränkungen findet sich unter 3.1/3.2 Verträge.)

Verwertungsgesellschaften

Trotz aller vorgenannten – und scheinbar eindeutigen – Schutzrechte ist es dem Kreativen, speziell dem Bildautor, generell meist nur sehr schwer möglich, die Übersicht über alle Nutzungen und Nutzungsarten seiner kreativen Werke im Blick, in der Kontrolle zu behalten. Um diesem Missstand abzuhelfen, gibt es die Verwertungsgesellschaften BILD und WORT. Ungefähr vergleichbar mit der Arbeit der GEMA im Tonträgerbereich haben es sich diese Gesellschaften zur Aufgabe gemacht, die Schöpfer kreativer Werke am Ertrag der Nutzung ihrer Werke zu beteiligen. Zu diesem Zweck werden von den Nutzern kreativer Werke – anteilig des Umfangs der von ihnen genutzten Werke – Abgaben eingezogen, um diese dann über einen ausgeklügelten Verteilungsschlüssel an diejenigen Kreativen weiterzugeben, deren Werke öffentlich zugänglich und damit der unkontrollierten Mehrfachnutzung verfügbar sind.

Um in den Genuss der Leistungen dieser Verwertungsgesellschaften zu kommen, muss man sich allerdings als Mitglied einschreiben (Kontaktadressen siehe 5.2).

Vertraglich festzulegende Zusatzleistungen und Garantien:

Neben den im ersten Kapitel genannten Prozent-Beteiligungen am Erlös von Buch- bzw. Alben-Veröffentlichungen stehen dem Urheber auch noch einige weitere Leistungen seitens des Nutzers (Verlags) zu, was in der Praxis allerdings oftmals nicht erfüllt wird. Es sollte daher versucht werden, diese Dinge von vornherein vertraglich festzulegen. Die Rede ist hier u.a. von einer gewissen Menge an Freiexemplaren für den Autor sowie dem Recht zum rabattierten Bezug weiterer Exemplare, regelmäßiger Information des Autors über Absatzverlauf und öffentliche Reaktionen (Rezensionen) sowie Vorabinformation des Autors bei eventueller Verramschung oder Makulierung des Werkes.

Auch bei Werkverträgen für Illustrationen und sonstige Auftragsarbeiten sollten das Anrecht auf eine bestimmte Anzahl von Belegexemplaren sowie einige weitere Rechtseinräumungen selbstverständlich sein (siehe dazu auch TEIL 3/VERTRÄGE).

Ein weiterer Anspruch, der eigentlich mittlerweile generell mit absoluter Selbstverständlichkeit erfüllt werden sollte (aber tatsächlich nach wie vor nicht immer selbstverständlich ist), ist das Recht auf eine Autorennennung an angemessener Stelle des Werks.

Solcherlei Zusatzleistungen gehören nur noch indirekt zum Bereich RECHTE, die Bereitschaft (oder Nicht-Bereitschaft) des jeweiligen Gegenübers zu solchen Zusatzgarantien gibt jedoch Aufschluss über seine Einschätzung des Urhebers als gleichwertigen Partner und ist ein gutes Indiz für die zu erwartende Fairness und Zuverlässigkeit des künftigen Vertragspartners.

An dieser Stelle weisen wir nochmals darauf hin, dass der ICOM **in Jan Peters einen Rechtsbeistand (Adresse siehe Anhang) besitzt, der bei weitergehenden rechtlichen Fragen (z. B. Vertrags- und Urheberrecht) jedem Mitglied mit Rat und Tat zur Seite steht.**

4.3 BETRIEBSKOSTENRECHNUNG

In den vorangegangenen Kapiteln weisen wir wiederholt darauf hin, dass für die Preisfindung im Einzelfall – neben zahlreichen anderen Kriterien – stets auch die vorherige Ermittlung des so genannten „Eigenwerts" bzw. des Standard-Stundensatzes, welchen der Kreative für sich und seine Leistung als Berechnungsgrundlage verwendet, eine fundamentale Rolle spielt.

Dieser „Eigenwert" nun basiert selbstverständlich zum einen auf der Erfahrung, dem Grad der Spezialisierung und der ganz persönlichen Selbsteinschätzung des Kreativen. Realistischerweise wird er sich bei dieser Selbsteinschätzung jedoch nicht nur von seinen Wünschen und individuellen Vorstellungen leiten lassen, sondern sich zuvorderst an zwei grundlegenden Aspekten orientieren: dem Vergleich mit ähnlich qualifizierten Kollegen und den von ihnen benutzten Tarifen und seiner individuellen Betriebskostenrechnung.

Mit diesem Begriff bezeichnen wir die Aufstellung sämtlicher mit der Person des Kreativen und seiner kreativen Leistung in Zusammenhang stehenden Kosten. Nur eine solche umfassende Auflistung macht es uns möglich, eine realistische Vorstellung unserer tatsächlichen wirtschaftlichen Situation als freischaffende Kreative zu erlangen. Bevor wir uns also daran machen, einen Stunden- oder Tagessatz als Grundlage für unsere honorartechnischen Berechnungen festzulegen, sollten wir auf alle Fälle anhand einer solchen Betriebskostenrechnung klären, was insgesamt so an Kosten zusammenkommt.

Natürlich fällt diese Rechnung für jeden Kreativen unterschiedlich aus, und so können hier keine verbindlichen Standards aufgestellt oder gar allgemeingültige Stunden- oder Tagessätze festgelegt werden. Zu viele Variable sind dabei im Spiel!

Trotzdem aber wollen wir versuchen, zumindest eine Liste all der Aspekte zur Verfügung zu stellen, welche bei einer solchen Betriebskostenrechnung unbedingt mit einbezogen werden müssen:

1. sämtliche nicht-direkt-in-Rechnung-zustellende-Kosten, wie ...

- Arbeitsmaterial (nicht ausschließlich nur Material, welches evtl. über den einzelnen Job explizit mit abgerechnet werden kann, sondern vor allem allgemeine Materialkosten wie Büro- u. Reinigungsmaterial etc. – auch der Aufwand für Akquisetätigkeit ist unter diesem Posten zu verbuchen)

- Buchhaltungs- und Beratungskosten (Steuerberatung, evtl. in Anspruch genommener Buchhaltungsservice etc.)

- Büro-/Studiokosten (Miete oder Amortisation bei Eigentum, Heizung, Strom, Wasser, Reinigung, sonstige Nebenkosten)

- Amortisation des technischen Equipments (Computeranlage, Kameras etc.)

- technische Wartungskosten (Computeranlage etc.)

- Kommunikationskosten (Telefon-, Internet-, ISDN-Anschlüsse, Porto- und Kurierkosten)

- Beiträge zu Kranken- und Sozialversicherung (ggf. Künstlersozialkasse o.Ä.)

- weitere Versicherungskosten (für den Freischaffenden ist zumindest der Abschluss einer Rechtsschutz- und Berufsunfähigkeitsversicherung dringend zu empfehlen)

2. weitere Kosten nach individuellem Ermessen, wie ...

- angemessener Beitrag zur privaten Altersvorsorge

- Amortisation evtl. aufgewendeter Ausbildungskosten nach Ermessen

- Amortisation für KFZ bzw. regelmäßig entstehende Beförderungskosten

• Weiterbildungskosten (Kurse, Fernkurse, Bücher und anderes Lehrmaterial)

3. **Anrechnung „Nicht-in-Rechnung-zu-stellenden" Zeitaufwands wie Akquise, Weiterbildung, Buchführung, Materialeinkauf und Recherche.**

Hierfür gilt bei einem regulär ausgelasteten Freischaffenden die Faustregel, ca. 20–25% der Gesamtarbeitszeit auf o.g. Posten zu verbuchen.

Um auf Basis all dieser Faktoren nun zu einer durchschaubaren Kalkulation zu gelangen, bietet sich an, alle unter 1. und 2. genannten Kosten einmal für einen Monat zusammenzurechnen *(da fast alle dort aufgeführten Faktoren im Allgemeinen ohnehin auf monatlich zu leistenden Beiträgen und Zahlungen basieren, sollte dies kein Problem sein. Bei flexiblen Faktoren wie Kommunikationskosten, Weiterbildung etc. sollte versucht werden, einen realitätsnahen Mittelwert zugrunde zu legen).* **Der sich aus dieser Kalkulation ergebende Gesamtbetrag bezeichnet die durchschnittlichen monatlichen Betriebskosten *(Faktor A – auch Sockelbetrag der so genannten Fix-Kosten)*.**

Dieser muss nun, zusammen mit der durchschnittlich zu erwartenden Steuerlast (Faktor B – Einkommenssteuer, Gewerbesteuer, evtl. fällige Grund- oder sonstige Besitzsteuern, Solidaritätsabgaben etc.), von den Einnahmen abgezogen werden, welche durchschnittlich in einem Monat erzielt werden. So ermitteln wir unser NETTO-Einkommen (welches dem Netto-Lohn des Angestellten entspricht).

Manch Freischaffender wird sich – wenn er tatsächlich einmal vorgenannte Rechnung konsequent durchspielt – verdutzt die Augen reiben wenn er feststellt, dass er in manchen Monaten kaum die Summe der Faktoren A und B erwirtschaften konnte, ihm also de facto kaum ein nennenswerter Nettoertrag übrig bleibt.

Sollten wir dem gegenüber jedoch eine konkrete Zielvorstellung bezüglich unseres gewünschten Nettoeinkommens haben (die z.B. auf einem Vergleich mit im grafischen und Verlagsgewerbe tätigen Angestellten ähnlicher Qualifikation beruhen kann), so gilt es nun, auf Basis der Faktoren A und B (letzterer ist natürlich von der Höhe des generierten Einkommens abhängig und somit ein etwas diffizil zu berechnender Faktor) und unter Berücksichtigung des %-Faktors aus 3. einen Mindest Stunden- bzw. Tagessatz zu ermitteln.

Beispielrechnung

Nehmen wir einmal an, wir möchten (ausgehend vom Vergleich mit angestellten Kollegen und auf der Basis einer fundierten Ausbildung) ein monatliches **Nettoeinkommen von ca. 3.300.– €** erreichen, unsere individuelle **Betriebskosten**rechnung hat für den **Faktor A** (Summe aus 1., 2. und 3.) einen Betrag von durchschnittlich **2.300.– €** ergeben und wir gehen – aufgrund unserer individuellen steuerrechtlichen Situation – von einer **Steuerlast von ca. 35%** aus, so ergibt sich folgende Rechnung:

	gew. Netto-Einkommen	3.300.–
+	Betriebskosten Faktor A	2.300.–
=	gew. Netto-Betriebsertrag	5.600.–

zzgl. 35% erw. Steuerlast ergibt sich einzu erzielender Brutto-Betriebsertrag von

8.615.–

Gehen wir nun monatlich von **22 Arbeitstagen à 8 Stunden** aus (176 Std/Monat) und bedenken den unter 3. erwähnten Faktor des nicht-in-Rechnung-zu-stellenden Zeitaufwands (ca. 20%), so bleiben uns 141 Stunden, um den gewünschten Betriebsertrag zu erwirtschaften.

8.615.– : 141 = **61,09**

Es ergibt sich also ein Mindest-**Stundensatz von 61.– €** und ein **Tagessatz von 488.– €**.

Wer nun in dem dieser Beispielrechnung zugrunde gelegten Ausgangsbetrag eines Netto-Einkommens von ca. 3.300.– € einen willkürlich und möglicherweise zu hoch angesetzten Wert erkennen mag, dem sei zum einen der rein fiktive Beispielcharakter dieser Rechnung in Erinnerung gerufen und zum zweiten versichert, dass dieser Wert ziemlich genau dem durchschnittlichen Netto-Einkommen qua lifizierter angestellter Fachkräfte im grafischen Gewerbe zu Anfang des dritten Jahrtausends entspricht ... und dabei ist noch nicht berücksichtigt, dass dieser Angestellte Anspruch auf geregelten Urlaub (ohne Verdienstausfall!), auf das so genannte Weihnachtsgeld und zumeist auch noch auf vermögenswirksame Leistungen seitens des Arbeitgebers hat – beides Sicherheiten, auf die der Freischaffende keinen Anspruch hat!

Trotzdem kann vorstehende Beispielrechnung nun selbstverständlich NICHT als allgemein gültige Standardrichtlinie für alle freischaffenden Kreativen verstanden werden. Jeder Einzelne muss für sich selbst, anhand seiner Betriebskostenrechnung, seines beruflichen und ausbildungstechnischen Backgrounds, seiner Erfahrung in der Branche, seiner steuerlichen und privaten Situation seine eigenen Berechnungen anstellen!

Und wie bereits mehrfach in den vorangegangenen Kapiteln bemerkt: Nicht immer ist die Honorarberechnung auf Stundenbasis das beste Verfahren, um im kreativen Prozess entstandene Werke adäquat zu bewerten! Sicherlich aber ist das Bewusstsein über den persönlichen Mindeststundensatz eine unverzichtbare Orientierungshilfe bei jeglicher Preisfindung

Zuallerletzt – und abermals relativierend – sei auch nochmals darauf hingewiesen, dass selbstverständlich jeder Kreative immer wieder für sich selbst entscheiden muss, ob und wo er von Fall zu Fall evtl. auch von dem hier ermittelten Satz nach unten abweicht – aus Spaß an der Sache, um einen entsprechenden Zweck zu unterstützen, oder aus individuellen betriebswirtschaftlichen Überlegungen (man kann einen Job u.U. auch in Teilen als Akquise-Aufwendung verstehen, wenn ein entsprechender Multiplikationseffekt abzusehen ist. Ebenfalls vorstellbar ist eine Situation, in der der Kreative gemeinsam mit seinem Kunden in die Vorleistung geht ... um dann hinterher auch weiter prozentual am generierten Ertrag des Projekts teilzuhaben). **Jede Regel ist dazu da, mit gutem Grund auch mal gebrochen zu werden!**

4.4 ENTWURFSKOSTEN UND SONSTIGE VORLEISTUNGEN

Häufig kommt es vor, dass Kunden vor Erteilung eines Auftrages „erst mal sehen wollen, was der Kreative zu bieten hat". Dies ist innerhalb eines gewissen Rahmens nachvollziehbar und steht ihm selbstverständlich zu. Dies kann beispielsweise über den Verweis auf entsprechende Referenz-Jobs oder über die Ansicht eines „Art-books" ermöglicht werden.

Meist allerdings kommt ein solches Ansinnen ausgerechnet von Kunden, welche bereits genau wissen, was sie vom Kreativen erwarten können – deshalb kommen sie mit dem Job ja ausgerechnet zu ihm. In solchen Fällen geht es dem Kunden meist darum, günstig oder gar unentgeltlich an erste, oft umfangreiche und entscheidende Konzept- oder Entwurfsschritte zu gelangen.

Einer ähnlichen Situation sieht sich gegenüber, wer von Agenturen oder sonstigen Großauftraggebern „in den pitch" (d.h. in eine wettbewerbsartige Jobausschreibung, welche sich über die ersten Vorleistungsschritte entscheidet) gebeten wird.

Beide Fälle sind durchaus branchenüblich und können von daher nicht pauschal abgelehnt oder verteufelt werden. Gegen eine angemessene (im Vergleich zum üblichen Honorar evtl. leicht ermäßigte) Vergütung kann im Allgemeinen darauf eingegangen werden. Von unentgeltlicher Ausführung sollte jedoch in jedem Fall Abstand genommen werden!

4.5 WEITERFÜHRENDE TIPPS ZUR EXISTENZ SELBSTÄNDIGER KREATIVER

Für jeden, der auf irgendeine Weise mit seiner kreativ-künstlerischen Arbeit selbstständig tätig ist, gibt es außer den vorgenannten rechtlichen, steuerlichen und allgemein-betriebswirtschaftlichen Aspekten noch eine Reihe spezieller Möglichkeiten, Angebote und ggf. Vergünstigungen zur Absicherung seiner künstlerischen Existenz.

Auf die wichtigsten sei im Folgenden noch kurz hingewiesen. Wir bitten um Verständnis dafür, dass nicht jeder Punkt in allen seine Aspekten erläutert werden kann, da dies den thematischen Rahmen dieses Ratgebers sprengen würde.

• VERSICHERUNGSPFLICHT IM SINNE DES KÜNSTLERSOZIALVERSICHERUNGSGESETZES

Im Grunde erfüllt wohl fast jeder Nutzer dieses Ratgebers theoretisch die Grundvoraussetzungen, um nach o.g. Gesetz versicherungspflichtig zu sein. D.h., er wird, anstatt sich freiwillig und auf eigene Initiative kranken- und ggf. auch sozialzuversichern, zu erniedrigtem Satz über die **Künstlersozialkasse** versichert. Dies wird üblicherweise auch weiterhin über die vom Künstler bis dahin genutzte Krankenkasse und die staatlichen Sozialversicherungsinstitutionen abgewickelt. Die Künstlersozialkasse (Adresse im Anhang – 5.2) ist eine staatliche Einrichtung mit dem Zweck, der besonderen Situation freischaffender Künstler gerecht zu werden.

In letzter Zeit sind allerdings verschiedentlich Zweifel daran laut geworden, inwieweit diese Einrichtung tatsächlich noch ihrem ursprünglich gesetzten Zweck gerecht werde. Jeder sollte sich daher zuerst eingehend informieren und schließlich selbst entscheiden, ob er sich bei der KSK um eine Einstufung als in ihrem Sinne versicherungspflichtig bemühen mag.

• Es gibt ein – ebenfalls vom Staat und von den Medienunternehmern – gestütztes Versicherungswerk für alle im weitesten Sinne im Rahmen des Pressewesens beschäftigten: die **Presseversorgung**.

Grafiker und Illustratoren fallen eindeutig unter diese Kategorie. Die Presseversorgung (Adresse siehe Anhang – 5.2) bietet Lebens-, Renten-, Unfall- und Berufsunfähigkeitsversicherungen zu deutlich günstigeren Konditionen als gängige Versicherungsanbieter.

• Wie bereits unter 4.2 erläutert, gibt es die **Verwertungsgesellschaften** WORT und BILD

Ungefähr vergleichbar mit der Arbeit der GEMA im Tonträgerbereich, haben es sich diese Gesellschaften zur Aufgabe gemacht, die Schöpfer kreativer Werke (welche oft keinerlei Möglichkeit besitzen, die mannigfache Nutzung ihrer öffentlich zugänglichen – weil publizierten – Werke zu kontrollieren) am Ertrag der Nutzung ihrer Werke zu beteiligen. Zu diesem Zweck ziehen die Gesellschaften von den Nutzern kreativer Werke anteilig des Umfangs der von ihnen genutzten Werke entsprechende Abgaben ein, um sie über einen ausgeklügelten Verteilungsschlüssel an die Kreativen weiterzugeben.

Um in den Genuss der Leistungen dieser Verwertungsgesellschaften zu kommen, muss man sich allerdings als Mitglied einschreiben (Kontaktadressen siehe Anhang – 5.2).

• Im ANHANG – 5.2 findet sich eine ausführliche Literatur-, Link- und Adressen-Liste: hilfreiche Kontaktadressen, Info-Sites und weiterführendes Infomaterial zu allen für den selbstständigen Kreativen wichtigen Themen.

ANHANG

DER INTERESSENVERBAND COMIC E.V. ICOM

Der Interessenverband Comic, Cartoon, Illustration und Trickfilm e.V. ICOM **wurde 1981 gegründet, um den über das gesamte Bundesgebiet verstreuten Zeichnern und Autoren ein Forum des Meinungs- und Informations-Austausches zu geben und so deren berufliche Situation zu verbessern. Ähnlich wie im Bereich Grafik-Design ist auch für Comic-, Cartoon-, Illustrations- und Trickfilmschaffende ein Berufsfachverband notwendig, der ihre speziellen Probleme und Wünsche formuliert, Lösungen durchsetzen und Infrastrukturen bilden kann. Die steigenden Ansprüche an Comics auch im deutschsprachigen Raum machen eine höhere Organisation möglichst vieler Kreativer erforderlich, damit ihre Rechte wahrgenommen und gewahrt werden können.**

DAS INTERNE MITTEILUNGSBLATT

Zeichentipps, Fachwissen und berufsbezogene, technische und soziale Informationen, Ausbildung, Kontaktadressen, Wettbewerbe und Anzeigen (wer sucht gerade für welches Projekt Zeichner oder Autoren?) sowie Kurzporträts von (neuen) Mitgliedern bietet „**ICOM**-intern“, das Mitteilungsblatt nur für Mitglieder.

DAS HANDBUCH

enthält neben Kurzporträts der Verbandsmitglieder ein umfangreiches kommentiertes Adressen-Verzeichnis deutscher und internationaler Verlage, Schulen, Verbände, Festivals, Fachhändler u.v.m. sowie einen Präsentationsteil mit teils farbigen Anzeigen. Der der 248seitigen Ausgabe von 1999 wurde eine CD-ROM beigelegt, die neben über 1000 Arbeitsproben Fachartikel und einen Fachmagazin-Index enthält. Handbuch und CD-ROM sowie die Präsentation auf der CD-ROM sind für Mitglieder kostenlos.

DER RATGEBER

wird Mitgliedern kostenfrei zugeschickt.

DAS COMIC!-JAHRBUCH

soll in Zeiten, da sich die Comic-Fachblätter auf die Beobachtung des Alben- und Heft-Marktes beschränken, losgelöst von der Tages-Aktualität die Entwicklungen kritisch begleiten und diskutieren. Neben der Comic-Szene werden auch die Bereiche Cartoon, Trickfilm und Werbecomics, die in den aktuellen Magazinen fast vollständig ausgespart sind, beleuchtet. Das COMIC!-Jahrbuch 2002 (15,25 €) erscheint im Oktober.

FILMRISS

ist unser neuestes Projekt. Das Comic- und Cartoon-Magazin erscheint 5–6-mal im Jahr und enthält ausschließlich Arbeiten von Mitgliedern und kostet 3,50 €.

PROJEKTE

Der **ICOM** finanziert und betreut außerdem noch folgende Projekte, über die die Mitglieder (abgesehen von ihrem Jahresbeitrag) völlig kostenlos und bei einigen auch Außenstehende gegen geringe Unkostenbeiträge verfügen können:

RECHTSBEISTAND

Der **ICOM**-Rechtsbeistand steht den Mitgliedern als Ansprechpartner zur Verfügung.

NACHWUCHSFÖRDERUNG

Der Verband fördert deutsche Nachwuchszeichner und Fanzinemacher, indem er sie zu sehr günstigen Bedingungen über den **ICOM** Independent Comic Shop vertreibt. Jährlich vergibt der **ICOM** den Independent Comic Preis auf einer öffentlichen Veranstaltung, um den Fanzines Aufmerksamkeit zu verschaffen und ihr Ansehen zu heben. Der Preis ist mit insgesamt 2000 € in fünf Kategorien dotiert.

DAS ZEICHNERARCHIV

Das Archiv präsentiert die Arbeitsproben unserer Mitglieder auf Basis der dem **ICOM**-Handbuch beiliegenden CD-ROM. Diese wird laufend aktualisiert und auf Anfrage an interessierte Verlage, Agenturen, Zeitungen und Privatpersonen weitergegeben.

PRESSEARCHIV

Dieses Archiv sammelt Fachpublikationen, Sekundärliteratur und Zeitungsartikel, die im weitesten Sinne mit Comics zu tun haben. Es dient zur Unterstützung bei der Erstellung neuer Fachpublikationen, Diplomarbeiten u.v.m. und kann dazu eingesehen, in begrenztem Umfang auch ausgeliehen werden.

DER SHOP

Der **ICOM** Independent Comic Shop bietet im Versand Fanzines und Publikationen kleiner und kleinster Verlage an. Comicläden können über den Shop das gesamte Angebot zu Vertriebskonditionen beziehen.

ICOM Independent Comic Shop
Teutoburger-Wald-Weg 17
33824 Werther
E-mail: comic@independentshop.de
Http://icom.independentshop.de

REGIONALGRUPPEN

Der **ICOM** hat mehrere Regionalgruppen, die sich einmal im Monat zu ihren Stammtischen treffen, dort einfach nur gemütlich plaudern, aber auch Ideen und Informationen austauschen, Ausstellungen und Projekte für ihre Mitglieder organisieren und aktive Verbandspolitik betreiben.

INTERNET

Der **ICOM** präsentiert auf **www.comic-i.com** Fachartikel, Termine, Adressen von Fach- und Kostenlos-Magazinen und das **ICOM**-Zeichner-Archiv. Für Mitglieder gibt es (passwortgeschützt) das Mitteilungsblatt „**ICOM**intern" (schon während das Heft beim Drucker ist). Zum Meinungsaustausch unter den Mitgliedern unterhält der **ICOM** mehrere E-groups, Außenstehende können im **ICOM**-Forum auf **www.comicforum.de/comicforum** mit uns kommunizieren.

KOSTENLOSMAGAZINE

gibt der **ICOM** nicht heraus, er bemüht sich aber, an seine Mitglieder auf Wunsch Sammellieferungen der wichtigsten, oft von Mitgliedern veröffentlichten oder mitgestalteten Publikationen zu verschicken.

FAZIT

In einer Zeit, in der sich der Staat aus kulturellen Projekten finanziell zurückzieht, gewinnen die Aktivitäten von Verbänden wie dem **ICOM** zunehmend an Bedeutung. Der Interessenverband Comic e.V. steht Comiclesern und Fans ebenso offen wie den aktiven Kreativen, den Letterern, Zeichnern, Autoren, Trickfilmern, Inkern, Übersetzern, Koloristen, Verlegern und Veranstaltern und hat inzwischen über 350 Mitglieder, fast ausschließlich Kreative, die zum großen Teil mit beiden Beinen im Geschäft stehen, darunter zahlreiche Prominente.

Der Mitgliedsbeitrag ist als Beitrag eines Berufsverbandes steuerlich absetzbar. Der Jahresbeitrag beträgt 72,– € (für Minderjährige 42,– € und für juristische Personen 144,– €).

Wenn Sie mehr über uns erfahren oder in den **ICOM** eintreten wollen, kontaktieren Sie uns.

Interessenverband Comic e.V. ICOM
Danneckerstraße 12
70182 Stuttgart
Tel (0711) 24 45 78
Fax (0711) 23 33 88
E-mail: ICOMic@aol.com
www.comic-i.com

LITERATURTIPPS

Gernot Schulze:
Meine Rechte als Urheber
In verständlicher Form wird hier über das aktuelle Urheber- und Verlagsrecht informiert, mit vielen Hinweisen und Tipps für eigene Verträge.
Beck-dtv 5291, 330 Seiten, 10,– €

Urheber- und Verlagsrecht
Beck-dtv 5538, 560 Seiten, 11,– €

Tarifvertrag für Design-Leistungen
Umfasst Empfehlungslisten für sämtliche Design-Bereiche – eine der Grundlagen für die Angaben in TEIL 1/Kapitel 2.
Allianz Deutscher Designer e.V. (AGD)
95 Seiten, 30,– €

Der Grafik-Design-Auftrag
Informationen im Pocketformat zum Urheber- und Nutzungsrecht, zu Eigentum und Änderung an Entwürfen u.v.a.m.
Allianz Deutscher Designer e.V. (AGD)
20 Seiten

BDG Honorarempfehlungen
Umfasst Empfehlungslisten für sämtliche Grafik-Design-Leistungen – eine der Grundlagen für die Angaben in TEIL 1/Kapitel 2.
Bund Deutscher Grafiker (BDG)
102 Seiten

BDG-Broschüre „Recht“
Bund Deutscher Grafiker (BDG)

Dr.Jörg Giloy:
Die Steuern des Künstlers
Forkel Verlag, Wiesbaden
208 Seiten, 32,70 €

Goetz Buchholz:
Ratgeber Freie – Kunst und Medien
Hilfreiche und klar verständliche Tipps und Begriffsklärungen zu den Themen Steuerpflicht, Urheberrecht, Berufsstatus, Verträge etc.
344 Seiten
Zu beziehen über **www.mediafon.net** oder Tel (01805) 75 44 44, für Mitglieder der Mediengewerkschaft **ver.di** über die entsprechenden Regionalbüros. Mitgliederpreis 3,– €, für Nichtmitglieder 20,– €, jeweils zzgl. Porto und Verpackung.

Dietrich Harke:
Ideen schützen lassen?
Patente, Marken, Design, Werbung, Copyright Rechtsratgeber für Gestalter, Urheber, kreativ Schaffende und Verwerter. Dabei wird die zunehmende Einbindung des deutschen Rechts in das europäische und internationale Recht besonders berücksichtigt.
Beck- dtv 5642, 669 Seiten, 15,00 €

Dietrich Harke:
Urheberrecht. Fragen und Antworten
Carl Heymanns Verlag, 364 Seiten, 48,– €

Viele weitere Buchempfehlungen zum Urheberrecht findet man im Juristischen Internetprojekt Saarbrücken unter ***www.jura.uni-sb.de****.*

Andri Jürgensen:
Ratgeber Künstlersozialversicherung
Vorteile, Voraussetzungen, Verfahren
Beck-dtv, 196 Seiten, 10,– €

LINK-LISTE

www.mediafon.net
Ständig aktuelle, fundierte und kompetente Info-Seite zur Selbstständigkeit in Medienberufen: Versicherung, Steuern, Recht, Vergleichshonorare und Tipps für Selbstständige.

www.kuenstlersozialkasse.de
Info-Site der unter 4.5 angesprochenen Künstlersozialkasse.

www.vgwort.de
www.bildkunst.de
Unter 4.5 angesprochene Verwertungsgesellschaften. Hier gibt's Geld für Verwertungen, bei denen die Autoren die Honorare schwer selbst eintreiben können – etwa für Kopien aus Büchern im Copyshop. Die Mitgliedschaft ist für Freie kostenlos.

www.initiative-urhebervertragsrecht.de
*Site der Kampagne zum (inzwischen geänderten) Urheberrecht, in der sich über 20 Urheberorganisationen – darunter mit **ver.di** auch die größte Gewerkschaft der Welt – zusammengeschlossen haben. Neben den gelaufenen Plakataktionen finden sich hier Argumente für eine umfassende Reform, Fallbeispiele aus verschiedenen Urheber-Bereichen und vieles mehr ...*

www.steuer-sparbuch.de
Diese Site bietet neben News zu Steuerfragen, Urteilen und Gesetzestexten auch so praktische Dinge wie einen Online-AfA-Rechner oder Steuerrechner.

www.steuernetz.de
Grundsätzliche Informationen zu Steuerrecht, Abschreibungsmöglichkeiten etc.

www.kunstrecht.de
Das Rechtsportal der Kunst- und Medienbranchen; informiert unabhänig zu allen rechtlichen Fragen der Kunst-, Kultur- und Medienbranchen, mit Anwalts-Datenbank, Urteilskopien, nützlichen Tipps und vielen weiter führenden Links

www.gruenderlinx.de
GründerLinX ist eine kommentierte Link-Sammlung für Existenzgründer, kleine und mittlere Unternehmen.

www.vdwd.de
Die Site der Vereinigung der Web-Designer enthält einen Honorarleitfaden für freie und angestellte Web-Designer.

www.projects.de
Informationen Rechts-, Vertrags-, Jobinformationen und Tipps für Selbstständige Kreative – ausschließlich für den Bereich Online und neue Medien.

www.kosteninfo.de
Ebenfalls ausschließlich für den Bereich Internet/Online: Beispielberechnungen, Vergleichshonorare und sonstige Entscheidungshilfen zur Planung und Bewertung kreativer Online-Projekte.

www.dmmv.de
Die Site des Deutschen Multimedia Verbands enthält Angaben zu Gehältern, Arbeitszeiten etc. im Bereich Online- und Multimedia.

www.agd.de
Die Site der Allianz Deutscher Designer e.V.

www.bdg-deutschland.de
Die Site des Bundes Deutscher Grafiker (BDG)

www.verdi.de
*Die Site der Vereinten Dienstleistungsgewerkschaft **ver.di***

www.fda.de
Freier Deutscher Autorenverband (FDA)

www.literaturuebersetzer.de
Verband deutschsprachiger Übersetzer e.V.

WICHTIGE ADRESSEN

mediafon – Tel (01805) 75 44 44
*Callcenter-Service für Freiberufler aus der Medienbranche. Eingerichtet von der Mediengewerkschaft **ver.di**, mit Unterstützung des Ministeriums für Wissenschaft und Forschung. Auch für Nichtgewerkschaftsmitglieder!*

ExpertInnen geben Auskunft zu Urheber- und Nutzungsrecht, Vertragsgestaltung, Nutzung moderner Kommunikations- und Informationstechniken, etc. – Der Anruf bei mediafon kostet derzeit 14 Cent pro Minute.

VG Bild-Kunst
Weberstraße 61
53113 Bonn

VG Wort
Goethestraße 49
80336 München

Allianz Deutscher Designer e.V. (AGD)
Steinstraße 3
38100 Braunschweig

Bund Deutscher Grafiker (BDG)
Flurstraße 30
22549 Hamburg

Künstlersozialkasse
Langeoogstraße 12
26384 Wilhelmshaven

Versorgungswerk der Presse GmbH
Wilhelmsplatz 8
70182 Stuttgart
www.presse-versorgung.de

DANKE!

Ein herzliches Dankeschön all jenen, die sich die Zeit genommen haben, mich in irgendeiner Form bei der Erarbeitung vorliegender Listen zu unterstützen. Für's zur Verfügung stellen gewisser Grundlagenmaterialien geht mein Dank insbesondere an Alex Macartney, Sabine Oeler und Monika Sattrasai (Danke für's Korrekturlesen, Literaturrecherche und zusätzliche Tipps!). Ebenso danke ich Gerd Bauer, Holger Bommer, Bringmann & Kopetzki, Nikolaus Gatter, Andreas Mergenthaler, Michael Musal, Martin Jablonka, Jörg Peter, Walter Pfau, Gerhard Schlegel, Kim Schmidt, Volker Sponholz und den Teilnehmern des Online-Honorarkalkulationsspiels in der **ICOM**-E-group für alle Auskunfts- und Hilfsbereitschaft. Burkhard Ihme für unermüdliche Verbandsarbeit. Tim S. Weiffenbach für die klasse Illus! Und last but not least: Dank für die juristische „Endabnahme" an Jan Peters und Ulrich Meeske. :–)

ICOM-Rechtsbeistand
Jan Peters
Neuer Wall 63
20354 Hamburg
Tel (040) 37 41 14–0
Fax (040) 37 41 14–14